LA REVOLUCIÓN DE LOS AGENTES DE IA

Y SU IMPACTO EN EL EMPLEO MUNDIAL

DAVID SANDUA

La revolución de los agentes de IA.

"Los agentes no sólo cambiarán la forma en que todo el mundo interactúa con los ordenadores, sino que también sacudirán la industria del software, desencadenando la mayor revolución informática desde que pasamos de teclear comandos a hacer clic en iconos".

Bill Gates, cofundador de Microsoft

ÍNDICE

8

9

I. INTRODUCCIÓN

El panorama del empleo está experimentando un cambio de paradigma a medida que los agentes asumen papeles cada vez más importantes en diversos sectores. Esta transformación no es una mera innovación tecnológica, sino que altera fundamentalmente la forma en que se realizan las tareas y la naturaleza del propio trabajo. Al integrar capacidades avanzadas como el aprendizaje automático, los algoritmos predictivos y el procesamiento de datos en tiempo real, los agentes están diseñados para analizar grandes cantidades de información y ejecutar tareas que tradicionalmente realizaba el trabajo humano. El espectro de aplicaciones de la IA es amplio, y va desde la automatización de procesos rutinarios hasta el aumento de la toma de decisiones en situaciones críticas, lo que ha suscitado debates en torno a sus polifacéticas implicaciones para la mano de obra. A medida que estos sistemas se vuelven más sofisticados, su influencia plantea cuestiones fundamentales sobre la dinámica de la mano de obra, las estructuras económicas y la propia definición del trabajo en la era moderna. Una exploración de los agentes profundiza en sus componentes básicos, destacando cómo funcionan a través de intrincados algoritmos que aprenden de patrones de datos. Esta capacidad de autosuperación permite a los agentes mejorar la eficiencia y la productividad en campos tan diversos como la atención al cliente, la logística, la sanidad y las finanzas. A medida que avanzan estas tecnologías, las empresas confían cada vez más en la IA para tareas como la interacción con los clientes, la gestión de inventarios, los diagnósticos médicos y la evaluación de riesgos. La integración de la IA no sólo proporciona a las organizaciones un ahorro de costes operativos, sino que también les permite ofrecer servicios y productos con una rapidez y precisión sin precedentes. Sin embargo, junto a estos avances, la transición también plantea con certidumbres sobre las implicaciones para la demanda de mano de obra. Comprender esta dicotomía es esencial para analizar cómo la IA está reconfigurando el panorama laboral tradicional, poniendo de relieve tanto las oportunidades que pueden presentar las funciones de nueva creación como las amenazas potenciales de desplazamiento de puestos de trabajo que acompañan a la automatización. Reconocer la naturaleza dual del impacto de la IA invita a un examen profundo de las consecuencias a largo plazo para la sociedad. La aplicación de las tecnologías de IA abre vías a nuevas categorías laborales y mejora las funciones existentes relacionadas con la gestión de la tecnología y el análisis de datos. A la inversa, la posibilidad de que se produzca un desplazamiento significativo de puestos de trabajo alimenta la ansiedad por el aumento de la desigualdad económica y la alteración de la sociedad. Enfrentarse a las realidades de este nuevo panorama requiere no sólo un análisis crítico de los modelos económicos, sino también medidas políticas proactivas para apoyar a los trabajadores afectados. A medida que tanto los individuos como las organizaciones se enfrentan al cambiante terreno del empleo, se hace acuciante la necesidad de estrategias de adaptación que abarquen la mejora de las cualificaciones, la reforma de la educación y nuevos marcos socioeconómicos. Así pues, la revolución de los agentes va más allá del avance tecnológico y exige un esfuerzo concertado para abordar las cuestiones fundamentales de la equidad, el empleo y el valor humano en un futuro cada vez más automatizado.

Definición de agentes

La base de los agentes reside en su capacidad para percibir, aprender y tomar decisiones de forma autónoma. Estos agentes suelen definirse por su capacidad para recopilar y procesar datos de diversas fuentes, utilizando algoritmos sofisticados para mejorar su capacidad de toma de decisiones. Caracterizados por componentes como el aprendizaje automático, que les permite adaptarse basándose en experiencias anteriores, y el análisis predictivo, que ayuda a prever posibles resultados, los agentes ilustran un salto en el avance tecnológico. Las capacidades de procesamiento de datos en tiempo real distinguen aún más a estos agentes, permitiéndoles responder instantáneamente a entornos cambiantes y a las interacciones de los usuarios. Este enfoque polifacético no sólo capacita a los agentes para realizar tareas que van desde la simple recogida de datos a la formulación de estrategias complejas, sino que también los sitúa como fuerzas fundamentales dentro de diversas industrias. Su desarrollo ha sentado las bases para una transformación en la forma de ejecutar las tareas, sentando las bases para cambios significativos en la dinámica de la fuerza de trabajo y la eficiencia operativa. Para el funcionamiento de los agentes es fundamental la interacción de varias tecnologías que permiten sus sofisticadas funcionalidades. La integración de redes neuronales con algoritmos de aprendizaje automático facilita una profundidad de análisis que imita la cognición humana, aunque de forma más eficiente. Esta capacidad permite a los agentes discernir patrones dentro de vastos conjuntos de datos, algo esencial para las aplicaciones que requieren modelos predictivos o previsiones de comportamiento. Los avances en el procesamiento del lenguaje natural (PLN) han refinado aún más las interacciones de los agentes con los usuarios, dando lugar a una comunicación más intuitiva en todas las plataformas. Estas características no sólo son ventajosas para la mejora tecnológica; redefinen las funciones que tradicionalmente han desempeñado los humanos en sectores como la atención al cliente, la logística y la fabricación. Al adoptar agentes en estas funciones, las organizaciones pueden optimizar los flujos de trabajo y mejorar los procesos de toma de decisiones, desafiando así los antiguos paradigmas en torno al empleo humano y la delegación de tareas. Las implicaciones de los agentes en diversos sectores van más allá de la mera eficacia operativa; también provocan consideraciones significativas sobre las estructuras de empleo. A medida que estos agentes asumen funciones típicamente desempeñadas por trabajadores humanos, cambian inadvertidamente el panorama de la disponibilidad y la seguridad del empleo. Aunque surgen nuevas oportunidades en áreas como el desarrollo tecnológico y el análisis de datos, el desplazamiento de los empleos tradicionales suscita preocupaciones sobre la desigualdad y la adaptación de la mano de obra. La dualidad de los agentes como facilitadores de la creación de empleo innovador y como contribuyentes a la posible pérdida de puestos de trabajo subraya la urgencia de marcos políticos que aborden estas transiciones. Las empresas, los gobiernos y las instituciones educativas deben colaborar para crear vías que faciliten la recualificación y el perfeccionamiento de los trabajadores desplazados, garantizando una integración equilibrada de los agentes en el mercado laboral. Esta interacción entre oportunidad y desafío resume la revolución en curso de las capacidades de IA y su profunda influencia en las tendencias mundiales del empleo.

Importancia de estudiar el impacto de la IA en el empleo

La intersección de la IA y el empleo presenta un panorama complejo que merece un análisis cuidadoso. A medida que evolucionan las tecnologías de IA, su capacidad para automatizar tareas tradicionalmente realizadas por humanos plantea cuestiones críticas sobre el futuro de la mano de obra. Comprender el impacto de la IA es esencial no sólo para comprender el posible desplazamiento de puestos de trabajo, sino también para reconocer las nuevas oportunidades que puede generar. Si bien es posible que disminuyan las funciones en operaciones de tareas rutinarias, el crecimiento simultáneo en sectores que requieren conocimientos tecnológicos avanzados indica un cambio hacia un mercado laboral más especializado. Un estudio exhaustivo de esta dinámica es vital para preparar y adaptar tanto a los trabajadores como a los responsables políticos a los retos y beneficios que acompañan a la expansión de los agentes en diversas industrias. Este examen también pone de relieve la necesidad de adoptar medidas proactivas para mitigar los efectos adversos sobre quienes puedan quedar rezagados debido a los rápidos cambios en el panorama laboral. La importancia de estudiar las ramificaciones de la IA en el empleo va más allá de las preocupaciones inmediatas por el desplazamiento de puestos de trabajo; abarca las implicaciones económicas a largo plazo y los cambios sociales. A medida que la automatización se integra cada vez más en las estructuras organizativas, es fundamental evaluar cómo influye esta evolución en la dinámica del poder económico y en la distribución de los ingresos. No se puede exagerar el riesgo de exacerbar las desigualdades existentes, sobre todo porque los trabajadores menos cualificados pueden encontrar menos oportunidades, mientras que los trabajadores más cualificados se benefician de una mayor demanda. Conocer estos patrones es esencial para desarrollar estrategias equitativas que aborden las disparidades emergentes en el mercado laboral. Al comprender el papel de la IA en la transformación de la creación y destrucción de empleo, las partes interesadas pueden formular políticas informadas que fomenten la inclusión y apoyen las transiciones de la mano de obra , garantizando así un futuro económico más equitativo.

La urgencia de analizar el impacto de la IA en el empleo radica también en el potencial de redefinición de las descripciones y funciones tradicionales de los puestos de trabajo en diversos sectores. A medida que las empresas utilizan cada vez más agentes para optimizar las operaciones, surge la necesidad de una mano de obra que no sólo sea adaptable, sino que también esté equipada con las competencias digitales pertinentes. Este nuevo paradigma implica cambios en la formación profesional y la educación, que requieren inversiones en oportunidades de aprendizaje continuo para las personas en todas las etapas de su carrera. Preparar a la mano de obra existente para estos cambios mejora la resistencia frente a las incertidumbres de los avances tecnológicos. Al estudiar las implicaciones de la IA, se hace evidente que fomentar la colaboración entre las instituciones educativas, las empresas y los responsables políticos es esencial para navegar por las complejidades de esta transición. Este enfoque colaborativo puede ayudar a cultivar una mano de obra ágil, preparada para aceptar las realidades de un panorama laboral drásticamente alterado, impulsado por las innovaciones de la IA.

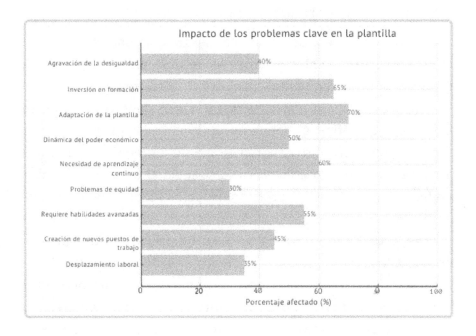

Este gráfico de barras horizontales ilustra el impacto de varias cuestiones clave en la mano de obra, mostrando el porcentaje de personas afectadas por cada cuestión. Las cuestiones clave incluyen el desplazamiento de puestos de trabajo, la creación de nuevos puestos de trabajo y la necesidad de aprendizaje continuo, entre otras. El gráfico representa visualmente el impacto significativo de cada cuestión en la mano de obra, siendo la "Adaptación de la mano de obra" la más afectada, con un 70%.

17

Resumen de la estructura del ensayo

Un ensayo bien estructurado comienza con una articulación clara de su tesis central, que sirve de guía para las secciones posteriores. Los segmentos iniciales de este análisis sentarán las bases para comprender los agentes. Los debates iniciales se centrarán en definir el concepto de agente de IA, destacando sus características clave, como el uso del aprendizaje automático, los algoritmos predictivos y la capacidad de procesar datos en tiempo real. Al articular estos aspectos fundacionales, el ensayo sienta las bases para un examen más profundo del funcionamiento de estas tecnologías. Esta introducción no sólo proporciona la terminología y el contexto esenciales, sino que también prepara a los lectores para el intrincado debate que sigue sobre las implicaciones de los agentes en diversos sectores. La claridad y el detalle de esta primera parte son cruciales para establecer un marco sólido, garantizando que los lectores capten las complejidades de la IA en su relación con la dinámica del empleo. Pasando de una definición a un examen de las aplicaciones prácticas, el ensayo profundizará en el impacto transformador de los agentes en la mano de obra. Ejemplos concretos en diversos campos, como la atención al cliente, la logística, la sanidad, la fabricación y las finanzas, ilustrarán la amplitud de la integración de la IA en las operaciones diarias. Cada sector demuestra interacciones únicas con la tecnología de IA, mostrando tanto las ganancias de eficiencia como los cambios en las funciones laborales que acompañan al despliegue de estos agentes. Al desglosar estos ejemplos, el análisis facilitará una comprensión más profunda de cómo la IA puede mejorar la productividad y remodelar el mercado laboral. Esta sección no sólo aportará pruebas concretas de la influencia de la IA, sino que también dará paso al debate sobre los retos que la acompañan, en particular los relacionados con el desplazamiento de puestos de trabajo y la desigualdad que podría surgir a medida que ciertas funciones evolucionan o quedan obsoletas.

El debate final sintetizará las ideas obtenidas en las secciones anteriores, centrándose en el posible panorama futuro configurado por los agentes. La exploración de las implicaciones a corto y largo plazo sirve para destacar la urgencia de adaptarse a los avances tecnológicos. Esta sección también abordará los papeles necesarios que desempeñan la política pública, las estrategias empresariales y la adaptación individual a la hora de navegar por la agitación causada por la proliferación de la IA. Al considerar las responsabilidades de las distintas partes interesadas en este entorno en evolución, el análisis subrayará la importancia de las medidas proactivas para garantizar una transición equilibrada a un mundo impulsado por la IA. Esta visión de conjunto cohesionada encapsulará los temas críticos explorados a lo largo del ensayo, destacando la doble naturaleza de oportunidades y retos que presentan los agentes y su papel vital en la configuración del futuro del empleo mundial.

II. COMPRENDER LOS AGENTES

La evolución de los agentes ha reconfigurado significativamente nuestra comprensión de la tecnología y sus capacidades. Funcionando como entidades sofisticadas, estos agentes emplean componentes como el aprendizaje automático, los algoritmos predictivos y el procesamiento de datos en tiempo real para interpretar grandes cantidades de información con notable eficacia. Los algoritmos de aprendizaje automático permiten a los agentes aprender de los patrones de datos, lo que los hace adaptables a diversas tareas sin necesidad de programación explícita. Los algoritmos predictivos aumentan su capacidad para prever tendencias y comportamientos, mejorando los procesos de toma de decisiones en diversos ámbitos. Junto con el procesamiento de datos en tiempo real, los agentes pueden responder rápidamente a entornos dinámicos, optimizando sus operaciones de formas que los sistemas tradicionales no podrían lograr. Esta fusión de tecnología e inteligencia permite a los agentes funcionar de forma autónoma o ayudar a los operadores humanos, lo que plantea interrogantes sobre sus funciones y las implicaciones éticas del despliegue de herramientas tan potentes en el lugar de trabajo. La creciente presencia de agentes en diversos sectores ha provocado cambios transformadores en la dinámica laboral, sobre todo en la atención al cliente, la logística y la fabricación. En la atención al cliente, por ejemplo, los chatbots y los asistentes virtuales se han hecho cargo de las consultas y transacciones rutinarias, liberando a los trabajadores humanos para abordar cuestiones más complejas que requieren inteligencia emocional y juicio matizado. En logística, los sistemas impulsados por la IA gestionan el inventario y agilizan las operaciones de la cadena de suministro, lo que se traduce en procesos más rápidos y eficientes. También la industria manufacturera ha experimentado un cambio hacia la automatización, con agentes que realizan tareas repetitivas, mejorando la precisión y reduciendo al mismo tiempo el riesgo de error humano . Cada una de estas aplicaciones pone de relieve cómo los agentes no sólo mejoran la eficacia operativa, sino que también redefinen los requisitos de cualificación, lo que requiere una mano de obra cada vez más experta en tecnología y adaptable a los continuos cambios en las responsabilidades laborales. A pesar de los beneficios tangibles que los agentes aportan a las industrias, el espectro del desplazamiento de puestos de trabajo se cierne sobre ellas, suscitando debates críticos sobre el futuro del trabajo. Muchas funciones tradicionales corren el riesgo de quedarse obsoletas a medida que la automatización se impone, contribuyendo al desempleo potencial y a la disparidad económica. Este cambio tecnológico también crea nuevas oportunidades, sobre todo en sectores centrados en el desarrollo tecnológico y el análisis de datos, donde la experiencia humana sigue siendo insustituible. A medida que las empresas integran cada vez más la IA en sus operaciones, existe una necesidad acuciante de volver a capacitar y mejorar la cualificación de la mano de obra para prepararse para un panorama en el que la colaboración entre los humanos y la IA se convierta en la norma. Desarrollar políticas que promuevan el acceso equitativo a los recursos educativos y el apoyo a los trabajadores afectados por la automatización será esencial para garantizar que los beneficios del despliegue de la IA no exacerben las desigualdades existentes. Equilibrar las ventajas de los

avances tecnológicos al tiempo que se abordan las posibles perturbaciones en el empleo es crucial para fomentar un futuro económico sostenible e integrador.

Componentes de los agentes

La intrincada arquitectura de los agentes se basa en varios componentes fundamentales que permiten su funcionalidad y adaptabilidad en diversos sectores. En el núcleo de estos agentes se encuentra el aprendizaje automático, un subconjunto de la IA que permite a los sistemas aprender de los datos introducidos y mejorar su rendimiento a lo largo del tiempo sin interferencia humana. Este proceso de aprendizaje iterativo dota a los agentes de la capacidad de identificar patrones, hacer predicciones y evolucionar basándose en conjuntos de datos cambiantes, lo que los hace inestimables en entornos dinámicos. Los algoritmos predictivos mejoran aún más estas capacidades, examinando grandes cantidades de datos históricos para predecir resultados futuros, lo que permite a las organizaciones tomar decisiones estratégicamente informadas. Las capacidades de procesamiento de datos en tiempo real garantizan que los agentes puedan analizar y actuar sobre la información entrante de forma instantánea, mejorando así la capacidad de respuesta y la eficiencia en diversas aplicaciones. Juntos, estos componentes crean un marco sofisticado que sitúa a los agentes como herramientas fundamentales para la innovación y la transformación de la mano de obra.

Pasando de los componentes individuales a su impacto colectivo, las capacidades de los agentes se están aprovechando en diversos sectores, remodelando fundamentalmente la dinámica laboral. En el sector de la atención al cliente, los chatbots y asistentes virtuales impulsados por la IA han revolucionado las interacciones con los clientes, proporcionando asistencia 24 horas al día, 7 días a la semana, y gestionando eficazmente un gran volumen de consultas que antes eran atendidas por agentes humanos. Del mismo modo, en la logística y la gestión de la cadena de suministro, los agentes optimizan el encaminamiento de las entregas, reducen los costes operativos y mejoran la gestión del inventario, agilizando así procesos que antes requerían una importante supervisión humana. El sector manufacturero también ha adoptado la IA a través del mantenimiento predictivo, en el que los agentes pueden prever los fallos de los equipos y minimizar el tiempo de inactividad, mejorando significativamente la productividad. Estas aplicaciones prácticas ponen de relieve la versatilidad de los agentes y su capacidad para transformar las funciones tradicionales, mejorando la eficiencia y permitiendo que los trabajadores humanos se centren en tareas más complejas que requieren inteligencia emocional o creatividad. Sin embargo, la llegada de los agentes presenta un arma de doble filo en lo que respecta a la dinámica del empleo mundial, poniendo de relieve tanto las oportunidades como los retos de esta revolución tecnológica. Por un lado, la proliferación de la IA ha dado lugar a nuevas categorías laborales, sobre todo en tecnología y análisis de datos, donde se necesitan humanos para interpretar los resultados de la IA y perfeccionar los algoritmos. Este cambio indica una transición hacia funciones que exigen habilidades cognitivas de mayor nivel, lo que puede conducir a una mayor satisfacción y compromiso en el trabajo. Por el contrario, la automatización de tareas rutinarias plantea un riesgo significativo de desplazamiento de puestos de trabajo, sobre todo en sectores como la fabricación y el servicio al cliente, donde las funciones son sustituidas cada vez más por sistemas de IA. A medida que estos agentes se vuelvan más avanzados, será crucial abordar el posible aumento de la desigualdad económica. Los responsables políticos y los líderes de la industria deben desarrollar proactivamente estrategias de reciclaje y recualificación de la mano de obra para mitigar los efectos negativos de la IA en los escenarios laborales tradicionales, garantizando una transición equitativa a esta nueva era tecnológica.

Tipos de agentes

Existe una amplia gama de agentes que pueden clasificarse según su funcionalidad, capacidad de aprendizaje y nivel de autonomía. Los agentes reactivos, por ejemplo, funcionan basándose únicamente en la información actual, sin retener ni utilizar datos históricos para fundamentar sus decisiones. Algunos ejemplos comunes son los chatbots básicos que pueden gestionar consultas sencillas haciendo coincidir las peticiones de los usuarios con respuestas predefinidas. Al contrario, los agentes de memoria limitada toman el contexto de los datos históricos y lo utilizan para mejorar significativamente las interacciones. Estos agentes pueden aprender de interacciones anteriores y adaptar sus respuestas en consecuencia, lo que los hace muy valiosos en entornos de atención al cliente en los que la asistencia personalizada se ha vuelto esencial. Las distinciones entre estos tipos ponen de relieve un aspecto crítico del desarrollo de la IA: la complejidad de las interacciones similares a las humanas, que tienen profundas implicaciones para el empleo a medida que se transforman las funciones. A medida que los agentes se vuelven más capaces, su integración en diversos sectores plantea cuestiones cruciales sobre las estrategias de adaptación de la mano de obra.

Otros agentes avanzados de IA, como los sistemas de teoría de la mente y autoconscientes, representan la vanguardia de la IA y plantean retos únicos para la dinámica del empleo. Los agentes de teoría de la mente pueden simular que comprenden y se anticipan a las emociones humanas, lo que les permite gestionar eficazmente las interacciones en sectores como la sanidad o la educación. Al reconocer las señales emocionales y modificar su

26

comportamiento en consecuencia, estos agentes fomentan conexiones más profundas con las personas a las que ayudan, mejorando potencialmente la calidad de la atención o la instrucción proporcionadas. Más allá en este espectro, los agentes autoconscientes, aunque todavía en gran medida teóricos, pueden poseer una comprensión de su existencia y papeles funcionales, poniendo en primer plano las consideraciones éticas. La aparición de agentes tan sofisticados podría alterar fundamentalmente el mercado laboral, no sólo introduciendo eficiencias, sino también redefiniendo la naturaleza de los trabajos que requieren un toque exclusivamente humano. A medida que las máquinas mejoren su competencia emocional, la demanda de funciones tradicionales cambiará inevitablemente, haciendo necesaria una reevaluación exhaustiva de los requisitos de cualificación en diversos campos.

Las implicaciones de estos variados agentes van más allá de los cambios operativos inmediatos; están preparados para remodelar las estructuras del mercado laboral y las normas sociales en torno al trabajo. Aunque algunos sectores, como la fabricación y la logística, pueden experimentar un desplazamiento significativo de puestos de trabajo debido a las capacidades de automatización de los agentes, es probable que otros vean surgir funciones totalmente nuevas. Las profesiones relacionadas con la supervisión, el mantenimiento y el cumplimiento ético de la IA serán cada vez más vitales a medida que las organizaciones intenten aprovechar el potencial de la IA de forma responsable. Estos avances exigen centrarse en el reciclaje y la reconversión profesional de los trabajadores actuales para garantizar que puedan desenvolverse en un panorama en evolución. Los responsables políticos y las instituciones educativas deben abordar proactivamente estas transiciones, fomentando un entorno que priorice la adaptabilidad y el aprendizaje permanente. A medida que se desarrolle la revolución de los agentes, será fundamental comprender sus funciones polifacéticas para elaborar estrategias que mitiguen los riesgos y aprovechen las oportunidades en un paradigma laboral mundial cambiante.

Mecanismos de Funcionalidad de la IA

Las intrincadas funciones de los agentes giran en torno a la integración de metodologías computacionales avanzadas. En el núcleo de estos agentes hay capas de algoritmos, en particular los empleados en el aprendizaje automático. Mediante técnicas como el aprendizaje supervisado y el aprendizaje por refuerzo, la IA pueden digerir grandes volúmenes de datos para reconocer patrones y hacer predicciones basadas en información histórica. Estos métodos permiten a los agentes no sólo realizar tareas, sino perfeccionar sus metodologías con el tiempo a medida que acumulan experiencia, mejorando su precisión y eficacia. Esta capacidad de aprender de interacciones pasadas permite a los agentes optimizar sus funciones en diversos ámbitos, lo que los hace muy valiosos en entornos que van desde los vehículos autónomos a los chatbots de atención al cliente. Este proceso de aprendizaje continuo aumenta aún más con la incorporación del procesamiento de datos en tiempo real, que permite a los agentes adaptarse instantáneamente a los entornos cambiantes y a las necesidades de los usuarios. El despliegue de algoritmos predictivos mejora aún más la eficacia operativa de los agentes en diversos sectores. Estos algoritmos analizan las tendencias de los datos, lo que permite a la IA predecir resultados y agilizar los procesos de toma de decisiones. En el sector financiero, los agentes pueden predecir las fluctuaciones del mercado examinando los datos comerciales en tiempo real y los patrones históricos. Esta capacidad predictiva no sólo ayuda en las estrategias de inversión, sino que también permite a las organizaciones mitigar los riesgos con eficacia. Del mismo modo, en la logística y la gestión de la cadena de suministro, los agentes pueden optimizar la planificación de rutas, la gestión de inventarios y la previsión de la demanda, reduciendo así los costes operativos y mejorando la eficiencia del servicio. La capacidad de predecir y automatizar procesos rutinarios transforma los modelos tradicionales de funcionamiento, allanando el camino para una nueva era de productividad que remodela los mercados laborales y altera la demanda de funciones humanas en esos entornos. El compromiso con las tecnologías de IA también requiere un cambio en la dinámica de la mano de obra, lo que plantea importantes consideraciones sobre los panoramas del empleo. A medida que los agentes se imponen en diversos sectores, las funciones tradicionalmente desempeñadas por humanos pueden evolucionar o quedar obsoletas. Aunque los chatbots de IA pueden gestionar consultas básicas de los clientes, al mismo tiempo permiten a los empleados humanos centrarse en cuestiones más complejas que requieren inteligencia emocional o resolución creativa de problemas. Así pues, aunque existe una preocupación legítima en torno al desplazamiento de puestos de trabajo, también hay potencial para la creación de nuevas oportunidades que exigen habilidades diferentes, a saber, análisis de datos, mantenimiento de sistemas de IA y supervisión. Este panorama en evolución pone de relieve la necesidad crítica de reciclaje y educación de la mano de obra, garantizando que los empleados puedan adaptarse a los avances tecnológicos que están reconfigurando diversas industrias. La interacción entre las funcionalidades de la IA y los cambios del mercado laboral prepara el terreno para los debates en curso sobre los beneficios y los retos que acompañan a esta revolución.

III. CONTEXTO HISTÓRICO DEL DESARROLLO DE LA IA

La evolución de la IA puede remontarse a varias décadas atrás, revelando un rico tapiz de avances teóricos e hitos tecnológicos que han dado forma a su forma actual. Los primeros esfuerzos en IA a mediados del siglo XX se basaron principalmente en el razonamiento simbólico y las operaciones lógicas, y pioneros como Alan Turing sentaron las bases mediante teorías fundacionales como el test de Turing. Estas exploraciones iniciales hacían hincapié en el potencial de las máquinas para emular las funciones cognitivas humanas, aunque en capacidades limitadas. A medida que el campo avanzaba en las décadas de 1980 y 1990, la atención se desplazó hacia la implementación de redes neuronales y técnicas de aprendizaje automático, que permitían a los sistemas aprender de los datos en lugar de limitarse a seguir instrucciones predeterminadas. Estos avances marcaron una transición significativa de los sistemas basados en reglas a los modelos adaptativos, estableciendo así un marco más dinámico en el que podía operar la IA. Este contexto histórico proporciona una visión esencial de cómo los principios fundacionales siguen informando las aplicaciones modernas de la IA y su capacidad de transformación en diversos sectores. A principios del siglo XXI se produjo un cambio significativo en la accesibilidad y aplicabilidad de las tecnologías de IA, impulsado en gran medida por los avances en la potencia informática y la disponibilidad de datos. La aparición de los macrodatos, combinada con la proliferación de dispositivos conectados a Internet, desveló nuevas posibilidades para que los agentes procesaran y analizaran grandes cantidades de información en tiempo real. Este cambio quedó ejemplificado por los avances en los algoritmos de aprendizaje profundo, que permitieron a los sistemas alcanzar niveles de precisión sin precedentes en tareas que iban desde el reconocimiento de imágenes al procesamiento del lenguaje natural. Cuando las organizaciones empezaron a aprovechar las capacidades de estos sistemas avanzados de IA, los sectores experimentaron transformaciones radicales. Desde la automatización del servicio de atención al cliente mediante chatbots hasta el análisis predictivo en finanzas y sanidad, las organizaciones empezaron a poner en marcha soluciones de IA que mejoraban la eficiencia y reducían los costes. La capacidad de la IA para operar en diversas aplicaciones no sólo transformó la productividad, sino que también inició un diálogo en torno a las implicaciones de estas tecnologías para la dinámica laboral, poniendo de relieve tanto el potencial de innovación como los retos que acompañan a la automatización. El diálogo en torno al desarrollo de la IA está cada vez más entrelazado con consideraciones sociales y económicas, sobre todo en lo que respecta a su posible impacto en el empleo en diversos sectores. A medida que los agentes se integran en los entornos laborales dominantes, la preocupación por el desplazamiento de puestos de trabajo emerge de forma prominente. Aunque la automatización aumenta la productividad y crea nuevas funciones tecnológicas, al mismo tiempo corre el riesgo de desplazar a los trabajadores de los empleos tradicionales, lo que suscita debates sobre la adaptación de la mano de obra y el apoyo infraestructural. El contexto histórico de la IA revela un patrón constante: el avance tecnológico tiende a introducir tanto oportunidades para la creación de nuevos puestos de trabajo, a menudo en campos técnicos, como perturbaciones significativas para los puestos de baja cualificación. Esta naturaleza de doble filo de la IA requiere una comprensión matizada, ya que los responsables políticos y las empresas deben considerar estrategias para salvar la distancia entre las funciones emergentes y las que quedan obsoletas. A medida que se desarrolla la revolución de la IA, es imperativo explorar no sólo los avances tecnológicos, sino también las implicaciones humanas de esta transformación sin precedentes del mercado laboral.

Evolución de la tecnología de IA

Los avances en las tecnologías de IA deben mucho a importantes desarrollos históricos, que condujeron a la aparición de agentes que poseen funcionalidades avanzadas. Iniciada con sistemas basados en reglas en los años 50 y 60, la IA primitiva se enfrentaba a limitaciones en la resolución de problemas debido a una lógica rígida y a la falta de capacidad de aprendizaje. La revolucionaria introducción del aprendizaje automático a finales del siglo XX marcó un momento crucial en la evolución de la IA, ya que los algoritmos empezaron a aprender de los datos introducidos, mejorando su adaptabilidad y precisión. Este periodo también catalizó la evolución de las redes neuronales, que imitan la estructura y función del cerebro humano, elevando el potencial de la IA para el reconocimiento de patrones complejos. La convergencia de estos avances tecnológicos sentó las bases de los agentes que no sólo procesan información, sino que también realizan análisis predictivos, lo que ha transformado radicalmente el modo en que se toman las decisiones basadas en datos en diversos sectores. A medida que ha aumentado la potencia de cálculo y se ha disparado la generación de datos, la sofisticación de los agentes sigue disparándose, anunciando una era transformadora.

Las capacidades transformadoras de los agentes han encontrado aplicaciones en diversos sectores, creando así nuevos paradigmas de eficiencia y productividad. En la atención al cliente, los chatbots ejemplifican cómo los agentes agilizan las interacciones, ofreciendo respuestas rápidas y asistencia 24 horas al día, 7 días a la semana, lo que libera a los representantes humanos para tareas más especializadas. Del mismo modo, en logística, la IA optimizan las operaciones de la cadena de suministro mediante rutas inteligentes y gestión de inventarios en tiempo real, lo que se traduce en una reducción sustancial de los costes y un aumento de la eficiencia. La presencia de la IA en la fabricación es igualmente esclarecedora, donde la robótica equipada con algoritmos de aprendizaje automático se adapta a las necesidades de producción, aumentando tanto la velocidad como la precisión. Estas mejoras no sólo refuerzan la eficacia operativa, sino que también redefinen el ámbito del empleo en estos campos. A medida que la IA se integra cada vez más en las prácticas empresariales, el panorama de los puestos de trabajo disponibles está cambiando, lo que exige una reevaluación de las capacidades y funciones de la mano de obra en paralelo con el progreso tecnológico.

El impacto de los agentes en el empleo mundial es polifacético y abarca tanto oportunidades como retos que configuran el futuro del trabajo. A medida que ciertas tareas se automatizan, el panorama tradicional de los empleos experimenta una transformación, que puede provocar un importante desplazamiento de puestos de trabajo en sectores que dependen de funciones rutinarias. Esta perturbación suscita preocupaciones en torno a la desigualdad económica, sobre todo para los trabajadores poco cualificados, a los que puede resultar difícil la transición a las nuevas funciones creadas por los avances tecnológicos. A la inversa, el auge de la IA también genera demanda de nuevos conjuntos de aptitudes, sobre todo en gestión tecnológica, análisis de datos y supervisión de la IA, lo que pone de relieve el potencial de creación de empleo en áreas de alta cualificación. Los responsables políticos y las instituciones educativas desempeñan un papel crucial a la hora de abordar estas necesidades emergentes, fomentando programas de formación que doten a los trabajadores de las competencias pertinentes. Al navegar por esta revolución, la adaptación de la sociedad será fundamental, lo que subraya la necesidad de un enfoque proactivo para garantizar una mano de obra inclusiva capaz de prosperar junto con las tecnologías de IA en evolución.

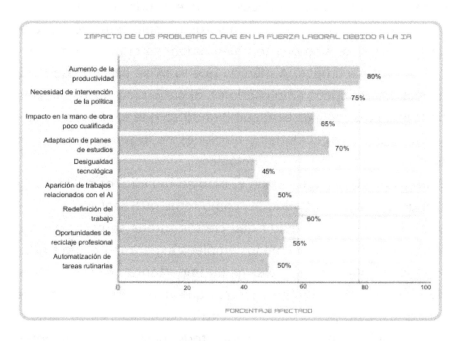

Este gráfico ilustra el impacto de varias cuestiones clave sobre la mano de obra debido a los avances de la IA. Presenta el porcentaje de la mano de obra que se ve afectada por cada cuestión, destacando áreas como el aumento de la productividad, la necesidad de intervención política y la adaptación de los currículos educativos. Los datos muestran que el mayor impacto está asociado al aumento de la productividad, mientras que la desigualdad tecnológica tiene el menor impacto.

Hitos clave en la historia de la IA

El viaje de la IA ha estado marcado por logros notables que han configurado de forma significativa sus capacidades actuales. Uno de los hitos históricos se produjo a mediados del siglo XX con el trabajo pionero de Alan Turing, que introdujo el concepto de una máquina capaz de simular la inteligencia humana. Su formulación del Test de Turing estableció un criterio para la inteligencia y suscitó debates sobre la cognición de las máquinas. A continuación se desarrollaron las primeras redes neuronales en los años 50 y 60, que sentaron las bases del aprendizaje automático. La invención de la retropropagación en los años 80 revolucionó el modo en que estas redes aprendían de los datos, lo que permitió mejorar el rendimiento en tareas como el reconocimiento de patrones. Cada uno de estos saltos intelectuales no sólo amplió los límites de la IA como campo, sino que también preparó el terreno para su integración final en las aplicaciones cotidianas, influyendo en sectores que van desde el académico hasta el industrial. La introducción de los agentes en el sector comercial comenzó en serio con el establecimiento del procesamiento del lenguaje natural en las décadas de 1970 y 1980. Estas tecnologías permitieron a las máquinas comprender y generar lenguaje humano, lo que dio lugar a aplicaciones como los primeros chatbots y el software de reconocimiento de voz. La victoria en 1997 del Deep Blue de IBM sobre el campeón mundial de ajedrez Garry Kasparov marcó otro hito crucial, al atraer la atención mundial sobre el potencial de la IA en escenarios de toma de decisiones estratégicas. Este logro demostró que la IA no sólo podía procesar información, sino también realizar razonamientos complejos, lo que impulsó a las empresas a explorar aplicaciones comerciales. La expansión del uso de Internet en la década de 1990 catalizó aún más esta tendencia, empleándose modelos de IA para los algoritmos de que mejoran la funcionalidad de los motores de búsqueda y los sistemas de recomendación, allanando el camino para un paisaje digital cada vez más moldeado por agentes inteligentes. El siglo XXI marcó el comienzo de una nueva era caracterizada por avances significativos en el aprendizaje profundo y las tecnologías de IA basadas en datos. El desarrollo de marcos sofisticados, como las redes neuronales convolucionales, ha impulsado la capacidad de la IA para el reconocimiento de imágenes y del habla hasta niveles de precisión sin precedentes. Éxitos de gran repercusión, como el de Google AlphaGo, que derrotó al campeón de Go Lee Sedol en 2016, mostraron el potencial de los agentes para destacar en entornos complejos con una intervención humana mínima. En esta época también se produjeron grandes inversiones por parte de los gigantes tecnológicos, que impulsaron un crecimiento exponencial de la investigación, el despliegue y la comercialización de las tecnologías de IA. A medida que los agentes comenzaron su infiltración gradual en diversos mercados laborales, su impacto se hizo evidente tanto en el aumento de la eficiencia como en la transformación de las funciones laborales. Con la continua trayectoria de evolución de la IA, la sociedad se enfrenta a un doble reto: aprovechar el notable potencial de estos agentes y, al mismo tiempo, abordar de forma responsable las importantes implicaciones para la dinámica global del empleo.

Primeras aplicaciones de la IA

Los inicios de la IA se remontan a mediados del siglo XX, cuando los pioneros en este campo empezaron a explorar las posibilidades del aprendizaje automático y la resolución automatizada de problemas. Una de las primeras aplicaciones de la IA fue en el ámbito de los juegos, concretamente el desarrollo de programas que podían desafiar a los jugadores humanos de ajedrez y damas. Estos intentos no sólo demostraron el potencial de las máquinas para simular un comportamiento inteligente, sino que también sentaron las bases para procesos de toma de decisiones más complejos. Al emplear algoritmos que podían evaluar innumerables movimientos potenciales y predecir estrategias adversarias, los primeros agentes demostraron su capacidad de pensamiento estratégico. Estas experiencias fundacionales establecieron una comprensión esencial de las capacidades de la IA, fomentando una mayor exploración de las aplicaciones que podrían trascender las actividades de ocio e infiltrarse en sectores prácticos de la sociedad, una transformación que acabaría conduciendo al papel de la IA en diversas industrias, transformando el panorama laboral. Al dejar atrás la teoría de los juegos, la IA empezó a encontrar su lugar en áreas más pragmáticas, sobre todo en el procesamiento y análisis de datos. En sectores como las finanzas y la sanidad, estas tecnologías florecientes facilitaron una capacidad sin precedentes para analizar grandes cantidades de información, aportando ideas y mejorando los procesos de toma de decisiones. Las primeras aplicaciones de la IA en las finanzas, incluían el comercio algorítmico, en el que los sistemas podían ejecutar operaciones basadas en datos de mercado en tiempo real, identificando patrones y haciendo predicciones con notable rapidez. En la atención sanitaria, la IA se empleó para ayudar en los procedimientos de diagnóstico, utilizando el reconocimiento de patrones para analizar imágenes médicas y detectar afecciones que los ojos humanos podrían pasar por alto. La introducción de algoritmos predictivos en estos ámbitos no sólo mejoró la eficacia operativa, sino que también mostró el potencial de la IA para aumentar las capacidades humanas. Esta integración presagiaba un futuro en el que los agentes no se limitarían a sustituir tareas, sino que servirían como valiosos socios de los trabajadores humanos, creando un entorno de trabajo más colaborativo.

A medida que la IA ganaban terreno en diversos sectores, se intensificaron los debates sobre sus implicaciones para el mercado laboral. La aparición de agentes suscitó preocupación por el desplazamiento de puestos de trabajo, sobre todo en funciones que implicaban tareas rutinarias y repetitivas. Cuando la automatización empezó a impregnar el servicio al cliente, la logística y la fabricación, los trabajadores se enfrentaron a la posibilidad de redundancia tecnológica en sus funciones. Esta ansiedad se atenuó al darse cuenta de que la IA también podía crear nuevas oportunidades de empleo en campos como el desarrollo de la IA, el análisis de datos y la gestión de la tecnología. La dualidad del impacto de la IA -como perturbadora y como creadora- impulsó una reevaluación de la dinámica de la mano de obra, haciendo hincapié en la necesidad de adaptación y mejora de las cualificaciones. Abordar estos cambios exigió una política pública y unas estrategias empresariales bien pensadas que no sólo adoptaran los avances tecnológicos, sino que también dieran prioridad a la resistencia de la mano de

obra en un panorama económico en evolución. Estas consideraciones siguen siendo cruciales mientras la sociedad lidia con las
ramificaciones actuales de la integración de la IA.

IV. EL APRENDIZAJE AUTOMÁTICO Y SU PAPEL

Los recientes avances tecnológicos han anunciado una nueva era en la que el aprendizaje automático funciona como piedra angular de los agentes. El poder del aprendizaje automático reside en su capacidad para analizar vastos conjuntos de datos e identificar patrones intrincados, lo que permite a los agentes tomar decisiones informadas y hacer predicciones basadas en datos históricos. En el ámbito de la atención al cliente, los chatbots impulsados por IA utilizan el aprendizaje automático para mejorar sus interacciones a lo largo del tiempo, aprendiendo de conversaciones anteriores. A medida que estos sistemas procesan más datos, pueden ofrecer respuestas cada vez más relevantes, mejorando así la satisfacción del usuario. Los algoritmos de aprendizaje perfeccionan continuamente los resultados basándose en bucles de retroalimentación, con lo que evolucionan sus capacidades. Esta capacidad de transformación permite a los agentes funcionar eficazmente en diversos sectores, demostrando tanto su eficacia como su adaptabilidad al abordar tareas complejas que normalmente requerirían la intervención humana. En consecuencia, el aprendizaje automático no sólo mejora la eficacia operativa, sino que también reconfigura las expectativas relativas a la prestación de servicios y la comunicación. La integración del análisis predictivo en el aprendizaje automático amplía aún más las capacidades de los agentes, convirtiéndolos en contribuyentes vitales para numerosas industrias. Al aplicar técnicas estadísticas para predecir tendencias futuras basándose en patrones pasados, estos agentes pueden optimizar los procesos y mejorar la planificación estratégica. En logística, por ejemplo, los algoritmos predictivos pueden anticipar las fluctuaciones de la demanda, permitiendo a las empresas ajustar los niveles de inventario en consecuencia. Esta previsión se traduce en una reducción de los residuos, un ahorro de costes y una mejora de la eficacia de la cadena de suministro. Similarmente, en el sector sanitario, los algoritmos de aprendizaje automático analizan los datos de los pacientes para predecir brotes y personalizar los planes de tratamiento, lo que repercute directamente en los resultados de los pacientes. Estas aplicaciones son indicativas de un cambio más amplio en el que las industrias dependen cada vez más de la IA para mejorar la toma de decisiones. Sin embargo, a medida que estas tecnologías ganan protagonismo, es esencial tener en cuenta las implicaciones éticas, sobre todo en relación con la privacidad de los datos y los posibles sesgos incorporados a los algoritmos, que podrían afectar inadvertidamente a las poblaciones vulnerables. A medida que las organizaciones siguen adoptando el aprendizaje automático y los agentes, las consecuencias para la dinámica global del empleo son cada vez más pronunciadas. Aunque la infusión de tecnología de IA puede dar lugar a nuevas eficiencias y funciones innovadoras, al mismo tiempo presenta retos como el desplazamiento de puestos de trabajo en sectores tradicionales. Los puestos centrados en tareas rutinarias, como la introducción de datos y la atención al cliente, pueden sufrir reducciones significativas a medida que los agentes asumen estas funciones. Este cambio plantea inevitablemente cuestiones sobre la preparación de la mano de obra y la necesidad de iniciativas de reciclaje y mejora de las cualificaciones para capacitar a los trabajadores para la transición a funciones más complejas que la IA no puede desempeñar. La disparidad en el acceso a la educación y la tecnología puede exacerbar las desigualdades existentes, creando una división de la mano de obra entre los que pueden prosperar en una economía centrada en la tecnología y los que se quedan atrás. Abordar estas cuestiones requiere esfuerzos concertados por parte de los responsables políticos, los educadores y los líderes del sector para garantizar que los beneficios de la adopción de la IA se distribuyan equitativamente y que la mano de obra esté preparada para navegar por este panorama transformador.

Definición de aprendizaje automático

La esencia del aprendizaje automático no reside únicamente en su definición, sino en las implicaciones y dimensiones que aporta al panorama de la IA. En esencia, el aprendizaje automático es un subconjunto de la IA que se centra en el desarrollo de algoritmos capaces de aprender de los datos y hacer predicciones o tomar decisiones basadas en ellos. A diferencia de la programación tradicional, en la que las instrucciones explícitas dictan los resultados, el aprendizaje automático permite a los sistemas mejorar de forma autónoma reconociendo patrones dentro de vastos conjuntos de datos. Esta capacidad de auto-superación permite a los agentes adaptarse a situaciones nuevas, lo que da lugar a avances que van más allá de la automatización básica. Las empresas utilizan estas capacidades para perfeccionar los procesos, mejorar la experiencia del cliente y obtener información a partir del análisis de datos. A medida que evoluciona el aprendizaje automático, su integración en los marcos de la IA lo posiciona como un pilar esencial que sustenta la revolución de los agentes inteligentes y, en consecuencia, reconfigura nuestra comprensión de su papel en la dinámica global del empleo. El poder transformador del aprendizaje automático es evidente en sus aplicaciones generalizadas que redefinen numerosos sectores. Industrias como la sanidad, las finanzas y la logística aprovechan algoritmos predictivos que permiten procesos de toma de decisiones más eficientes. En la sanidad, los modelos de aprendizaje automático analizan los datos de los pacientes, identificando tendencias que ayudan al diagnóstico precoz y a los planes de tratamiento adaptados a las necesidades individuales. Esta capacidad no sólo mejora los resultados de los pacientes, sino que también puede aliviar la carga de los profesionales sanitarios, reestructurando potencialmente las demandas de mano de obra. Del mismo modo, en las finanzas, el análisis predictivo informa sobre la evaluación de riesgos y la detección del fraude, creando oportunidades para aumentar la precisión al tiempo que disminuye la propensión al error humano. Estos ejemplos ilustran que la integración del aprendizaje automático en las prácticas cotidianas no consiste simplemente en sustituir las funciones humanas, sino en hacerlas evolucionar, impulsando la creación de nuevas ocupaciones dedicadas a supervisar estos sofisticados sistemas e interpretar sus resultados. Las implicaciones del aprendizaje automático se extienden al ámbito del empleo, suscitando diálogos críticos sobre su posible impacto en los mercados laborales.

El fenómeno presenta tanto oportunidades como retos, donde las innovaciones impulsadas por el aprendizaje automático fomentan nuevas categorías laborales en la ciencia de datos, el desarrollo de algoritmos y la ética de la IA. A la inversa, surge la preocupación por el desplazamiento de puestos de trabajo, a medida que las tareas rutinarias se vuelven susceptibles de automatización. Esta dualidad requiere una respuesta proactiva por parte de los responsables políticos, las empresas y las instituciones educativas, para garantizar que los trabajadores puedan hacer la transición a funciones que aprovechen las capacidades humanas que las máquinas no pueden reproducir fácilmente. Será esencial hacer hincapié en las iniciativas de reciclaje y mejora de las cualificaciones para hacer frente al cambiante panorama laboral, por lo que es imperativo integrar el aprendizaje automático como herramienta de mejora humana, en lugar de mera sustitución. Así pues, a medida que el aprendizaje automático siga evolucionando en el marco de los agentes, su influencia en el empleo mundial requerirá una comprensión matizada de su impacto tanto en la dinámica laboral como en el desarrollo económico.

Tipos de algoritmos de aprendizaje automático

La diversidad de algoritmos de aprendizaje automático es fundamental para la funcionalidad y adaptabilidad de los agentes, y determina su eficacia en diversos sectores. El aprendizaje supervisado, caracterizado por su dependencia de conjuntos de datos etiquetados, entrena algoritmos para hacer predicciones o clasificaciones basadas en características de entrada. El algoritmo aprende de un conjunto de entrenamiento, que contiene ejemplos con resultados conocidos, refinando su precisión mediante procesos iterativos. Este tipo de aprendizaje es especialmente ventajoso en sectores en los que los datos históricos informan la toma de decisiones, como en las finanzas para la puntuación crediticia o en la sanidad para el diagnóstico de enfermedades. Por el contrario, el aprendizaje no supervisado explora los datos sin etiquetas predefinidas, permitiendo la identificación de patrones o agrupaciones dentro de un conjunto de datos. Este enfoque desempeña funciones críticas en la segmentación de mercados y la detección de anomalías, lo que pone de relieve su versatilidad para reconocer tendencias. Cada tipo de algoritmo desempeña un papel crucial en el desarrollo de agentes que no sólo responden a las demandas actuales, sino que también anticipan las tendencias futuras, lo que indica sus capacidades expansivas dentro del panorama laboral. Pasando al aprendizaje por refuerzo, este marco algorítmico funciona con un paradigma diferente en el que los agentes aprenden a tomar decisiones mediante ensayo y error dentro de un entorno. Al recibir retroalimentación en forma de recompensas o penalizaciones en función de sus acciones, el agente ajusta dinámicamente sus estrategias. Este método recuerda a la psicología del comportamiento; los agentes optimizan sus acciones para conseguir la mayor recompensa acumulada, lo que encierra un inmenso potencial en robótica y gestión de recursos. En la fabricación, el aprendizaje por refuerzo puede optimizar los procesos controlando la maquinaria para aumentar la eficacia o reducir los residuos. A medida que las organizaciones integren cada vez más estos sistemas inteligentes, surgirán nuevas oportunidades de empleo, sobre todo en el ámbito del desarrollo y el mantenimiento de la IA. Sin embargo, la naturaleza matizada del aprendizaje de refuerzo también introduce complejidades relativas a la automatización del trabajo, ya que su implantación con éxito puede reorientar las funciones de la mano de obra, exigiendo una mano de obra experta en interactuar con estos sistemas avanzados. El despliegue de métodos ensemble ilustra aún más la rica variedad de algoritmos de aprendizaje automático, mejorando el rendimiento predictivo mediante el aprovechamiento de una combinación de múltiples modelos. Técnicas como el bagging y el boosting integran diversos algoritmos, permitiendo marcos de toma de decisiones más robustos que pueden minimizar el error y mejorar la fiabilidad. Esta metodología encuentra una aplicación significativa en campos como las finanzas, donde las evaluaciones de riesgo precisas son críticas, así como en el ámbito del comercio electrónico, donde la predicción del comportamiento del consumidor puede influir drásticamente en las estrategias de venta. A medida que proliferen estos sofisticados algoritmos, el panorama laboral cambiará inevitablemente, exigiendo a los trabajadores que adquieran no sólo conocimientos técnicos, sino también una comprensión más profunda de los principios del aprendizaje automático. Esta transformación anuncia nuevas funciones en campos interdisciplinares, fusionando la experiencia en el dominio con la competencia tecnológica, redefiniendo así el conjunto de habilidades necesarias para prosperar en un mundo cada vez más automatizado.

Algoritmo	Descripción	Usos comunes	Impacto en el empleo
Aprendizaje supervisado	Los algoritmos aprenden a partir de datos de entrenamiento etiquetados, haciendo predicciones basadas en pares de entrada-salida	Clasificación de imágenes, detección de spam, diagnóstico médico	Mayor eficacia en los trabajos de procesamiento de datos, reducción potencial de las funciones que requieren la introducción manual de datos
Aprendizaje no supervisado	Los algoritmos identifican patrones y relaciones en datos no etiquetados sin etiquetas de salida específicas	Segmentación de clientes, detección de anomalías, análisis de la cesta de la compra	Cambios hacia funciones de análisis de datos a medida que las empresas buscan perspectivas más profundas a partir de los datos
Aprendizaje por Refuerzo	Los algoritmos aprenden interactuando con un entorno, recibiendo recompensas o penalizaciones por las acciones realizadas	Juego IA, robótica, vehículos autónomos	Creación de nuevos empleos en robótica y sistemas autónomos, pero posible disminución de ciertos empleos relacionados con la conducción
Aprendizaje semisupervisado	Combina datos etiquetados y no etiquetados para el entrenamiento con el fin de mejorar la precisión del aprendizaje	Clasificación de contenidos web, reconocimiento de imágenes	Mejora las capacidades de las funciones existentes en ciencia de datos y aprendizaje automático
Aprendizaje profundo	Un subconjunto del aprendizaje automático que utiliza redes neuronales con muchas capas para la abstracción de datos de alto nivel	Procesamiento del lenguaje natural, reconocimiento de imágenes, reconocimiento del habla	Aumenta la demanda de competencias especializadas en IA y aprendizaje profundo, lo que reconfigura los requisitos laborales

Tipos de algoritmos de aprendizaje automático

Aplicaciones del aprendizaje automático en los agentes

El auge de los agentes está marcado por su dependencia de sofisticados algoritmos de aprendizaje automático, que les dotan de la capacidad de aprender de los datos sin programación explícita. Esta capacidad permite a estos agentes reconocer patrones y tomar decisiones informadas en tiempo real. Mediante técnicas como el aprendizaje supervisado, en el que los modelos se entrenan con conjuntos de datos etiquetados, y el aprendizaje no supervisado, en el que descubren estructuras inherentes a los datos, estos sistemas mejoran continuamente su rendimiento. Este proceso iterativo es esencial en dominios que requieren una comprensión matizada, como la atención al cliente y la asistencia sanitaria, donde los agentes pueden interpretar los sentimientos de los usuarios o diagnosticar afecciones médicas con una precisión cada vez mayor. Al aprovechar el procesamiento del lenguaje natural y el reconocimiento de imágenes junto con el aprendizaje automático, estos agentes se convierten en expertos en la realización de tareas complejas tradicionalmente manejadas por humanos, revolucionando así la forma en que las industrias operan e interactúan con los usuarios. Las aplicaciones del aprendizaje automático en los agentes se extienden a diversos sectores, cada uno de los cuales se beneficia de forma diferente de estos avances tecnológicos. En el ámbito de la logística, por ejemplo, los agentes optimizan la gestión de la cadena de suministro mediante análisis predictivos, lo que permite a las empresas anticiparse a las fluctuaciones de la demanda y asignar los recursos de forma eficiente. Del mismo modo, la industria manufacturera emplea robots impulsados por la IA y el aprendizaje automático para mejorar la productividad adaptándose a las cambiantes condiciones de producción. En los entornos sanitarios, los agentes analizan grandes cantidades de datos médicos para ofrecer recomendaciones de tratamiento personalizadas, que mejoran los resultados de los pacientes y agilizan la eficiencia operativa. Estos ejemplos ilustran no sólo la versatilidad del aprendizaje automático para mejorar las capacidades operativas en todos los sectores, sino también el potencial transformador de los agentes para redefinir las funciones y responsabilidades laborales en la fuerza de trabajo, provocando una reevaluación de los paradigmas laborales existentes. La integración del aprendizaje automático en los agentes ha engendrado una doble narrativa en relación con la dinámica del empleo en todo el mundo. Por un lado, la aparición de estos sistemas inteligentes fomenta la creación de empleo en nuevos campos como la ciencia de los datos, la ética de la IA y la gestión de la tecnología. Como las empresas necesitan cada vez más profesionales cualificados para desarrollar y supervisar estos agentes, están surgiendo oportunidades que antes no existían. Por el contrario, existe una preocupación palpable en torno al desplazamiento de puestos de trabajo, sobre todo en funciones que implican tareas repetitivas y niveles de cualificación más bajos. Los puestos en el servicio al cliente y la fabricación son especialmente vulnerables a medida que los agentes se vuelven competentes en la realización de tareas que tradicionalmente requerían mano de obra humana. Esta alarmante yuxtaposición subraya la necesidad de un planteamiento reflexivo sobre el desarrollo de la mano de obra y la formulación de políticas para mitigar los efectos adversos de la IA sobre el empleo, al tiempo que se maximizan sus beneficios potenciales. Equilibrar estas dinámicas será crucial para navegar por el futuro panorama configurado por los agentes y las tecnologías de aprendizaje automático.

Aplicación	Descripción	Ejemplos	Impacto en el empleo
Procesamiento del Lenguaje Natural (PLN)	Los agentes utilizan la PNL para interpretar, generar y responder al lenguaje humano de forma que sea contextualmente relevante y gramaticalmente precisa.	Chatbots, asistentes virtuales	Aumento de la demanda de especialistas en IA, reducción de determinadas funciones de atención al cliente
Visión por ordenador	Permite a las máquinas interpretar y tomar decisiones basándose en datos visuales del entorno	Software de reconocimiento facial, Inspección automatizada de calidad en la fabricación	Creación de empleo en el desarrollo de la IA, posible pérdida de empleo en los sectores de la seguridad y la inspección manual
Análisis Predictivo	Los agentes analizan los datos para predecir las tendencias futuras, informando la toma de decisiones estratégicas en diversas industrias.	Gestión de la cadena de suministro, Previsión financiera	Mayor necesidad de científicos de datos, cambio de funciones en los puestos de análisis tradicionales
Aprendizaje por Refuerzo	Las máquinas aprenden acciones óptimas mediante ensayo y error en entornos dinámicos	Vehículos autónomos, Robótica en logística	Aparición de nuevos puestos de trabajo en la formación en IA, pero desplazando a algunos puestos de conducción tradicionales

Aplicaciones del aprendizaje automático en los agentes

V. ALGORITMOS PREDICTIVOS EN LA IA

La integración de algoritmos predictivos en la IA ha dado paso a una era transformadora para los agentes, mejorando significativamente su funcionalidad y precisión. Estos algoritmos capacitan a la IA para analizar grandes cantidades de datos, discerniendo patrones y relaciones que serían casi imposibles de identificar por los analistas humanos por sí solos. Al aprovechar los datos históricos y la información en tiempo real, los algoritmos predictivos facilitan la capacidad de previsión avanzada, permitiendo a los agentes tomar decisiones y hacer recomendaciones con conocimiento de causa. Esta capacidad es especialmente crucial en ámbitos como la sanidad, donde el análisis predictivo puede pronosticar riesgos para la salud de los pacientes o posibles brotes de enfermedades, y en las finanzas, donde los algoritmos pueden identificar tendencias en el comportamiento del mercado y ayudar en las estrategias de negociación. En consecuencia, la eficacia de los procesos de toma de decisiones ha mejorado, impulsando resultados más precisos en diversos sectores. Ilustra el poder de los algoritmos predictivos su capacidad para evolucionar continuamente; a medida que procesan nuevos datos, perfeccionan sus modelos, mejorando así su precisión predictiva con el tiempo.

Las transformaciones impulsadas por los algoritmos predictivos están remodelando el mercado laboral de forma profunda. Aunque la automatización de tareas rutinarias ha provocado el desplazamiento de determinadas funciones, al mismo tiempo ha allanado el camino para la aparición de nuevos sectores laborales centrados en la IA y el análisis de datos. A medida que las organizaciones confían cada vez más en agentes equipados con capacidades predictivas, buscan profesionales que puedan diseñar, mantener e interpretar estas tecnologías con eficacia. Campos como el marketing emplean ahora la analítica predictiva para adaptar las campañas al comportamiento de los consumidores , lo que requiere una mano de obra experta tanto en comprensión técnica como en elaboración de estrategias creativas. El advenimiento de la IA ha fomentado una mayor demanda de científicos de datos capaces de diseccionar conjuntos de datos complejos para obtener perspectivas procesables. Aunque la adaptación de los agentes plantea retos para los puestos de trabajo tradicionales, también ofrece oportunidades para el reciclaje de la mano de obra y el desarrollo de carreras especializadas que aprovechen las ventajas de la IA, lo que ilustra un impacto matizado en el empleo global.

Abordar los retos que plantean los agentes, sobre todo junto con los algoritmos predictivos, requiere un enfoque polifacético del desarrollo de la mano de obra y de las políticas públicas. El posible desplazamiento de puestos de trabajo se asocia a una mayor desigualdad, lo que subraya la necesidad de estrategias específicas para apoyar a los afectados por las transiciones tecnológicas. Los gobiernos y las instituciones educativas deben colaborar para establecer programas dinámicos de reciclaje que doten a las personas de las habilidades necesarias para prosperar en sectores cada vez más impulsados por la tecnología. Tales iniciativas podrían hacer hincapié en el pensamiento crítico, la adaptabilidad y el conocimiento interdisciplinar, garantizando que los trabajadores estén preparados para las demandas cambiantes del mercado laboral. Las empresas deben cultivar un marco ético que guíe el despliegue de los agentes, pro-

moviendo la transparencia y la inclusión para mitigar las disparidades en el acceso a las nuevas oportunidades de empleo. A
medida que los algoritmos predictivos sigan evolucionando dentro de la IA, las medidas proactivas serán esenciales para configurar un panorama laboral que no sólo adopte el avance tecnológico, sino que también aborde sus repercusiones socioeconómicas.

Comprender los algoritmos predictivos

En el panorama de la IA, los algoritmos predictivos surgen como componentes fundamentales que mejoran significativamente las capacidades de los agentes. Estos algoritmos analizan vastos conjuntos de datos para discernir patrones y generar previsiones sobre sucesos futuros, lo que permite a la IA tomar decisiones informadas con notable precisión. La mecánica subyacente de los algoritmos predictivos implica varias técnicas, como el aprendizaje automático, el análisis estadístico y la minería de datos. Mediante procesos de aprendizaje iterativos, estos algoritmos refinan su poder predictivo, adaptándose dinámicamente a la nueva información y mejorando su eficacia con el tiempo. Esta adaptabilidad es especialmente beneficiosa en aplicaciones que van desde la previsión financiera al análisis del comportamiento de los clientes, donde la comprensión de tendencias complejas puede conducir a una toma de decisiones más estratégica. Como tal, la integración de algoritmos predictivos en los agentes no sólo mejora la eficacia operativa, sino que también fomenta interacciones más personalizadas con los usuarios, transformando en última instancia la forma en que las organizaciones se relacionan con su clientela y gestionan los recursos. La comprensión del papel de los algoritmos predictivos se extiende a varios sectores profundamente influidos por las tecnologías de IA. En sectores como la sanidad, los algoritmos predictivos facilitan el diagnóstico precoz mediante el análisis de tendencias en los datos de los pacientes, mejorando así los resultados y optimizando la asignación de recursos. En el ámbito de la logística, estos algoritmos permiten a las empresas anticiparse a las fluctuaciones de la demanda, lo que es fundamental para mantener los niveles de inventario y garantizar las entregas a tiempo. La aplicabilidad de los algoritmos predictivos sigue ampliándose, abordando problemas complejos e impulsando innovaciones tanto en la eficiencia de la fabricación como en la mejora del servicio al cliente. Cada industria presenta retos y oportunidades únicos, por lo que la precisión de estos algoritmos puede influir directamente en la ventaja competitiva y el éxito operativo. Esta dependencia de los análisis predictivos también suscita debates críticos sobre las implicaciones éticas del uso de los datos y los sesgos inherentes que pueden surgir en los procesos algorítmicos de toma de decisiones, lo que requiere marcos normativos exhaustivos.

La influencia de los algoritmos predictivos en los patrones de empleo revela un arma de doble filo; aunque agilizan los procesos y crean nuevas funciones, también pueden dejar obsoletos ciertos empleos. A medida que los agentes asumen cada vez más responsabilidades tradicionalmente desempeñadas por trabajadores humanos, las personas que ocupan puestos poco cualificados pueden verse desproporcionadamente afectadas. El desplazamiento de puestos de trabajo surge como una preocupación importante, sobre todo en sectores en los que las tareas repetitivas pueden ser gestionadas eficazmente por las tecnologías de IA. Sin embargo, esta evolución del mercado laboral abre vías para nuevas oportunidades de empleo en ámbitos como la gestión de la IA, el análisis de datos y el desarrollo del aprendizaje automático. Así pues, se anima a los trabajadores a adaptarse adquiriendo nuevos conjuntos de competencias complementarias a estas tecnologías. Esta transformación no sólo garantizará la seguridad laboral, sino que también aumentará la productividad de la mano de obra, promoviendo así un entorno económico más innovador. La naturaleza evolutiva del trabajo a la luz de los algoritmos predictivos y la IA exige una planificación estratégica tanto por parte de los responsables políticos como de las empresas para mitigar los riesgos asociados a la pérdida de puestos de trabajo, al tiempo que se maximizan los potenciales emergentes.

Importancia de los datos en las predicciones

Los datos son la espina dorsal del análisis predictivo, que permite a los agentes obtener información a partir de vastos conjuntos de datos. El proceso implica varias etapas, empezando por la recopilación de datos, que a menudo se realiza en tiempo real para garantizar su precisión y relevancia. Una vez adquiridos, estos datos se someten a un riguroso procesamiento y limpieza, ya que los datos brutos suelen estar cargados de incoherencias y ruido que pueden diluir el poder predictivo. A continuación, se emplean algoritmos de aprendizaje automático para descubrir patrones, correlaciones y anomalías en los datos, lo que permite a los agentes formular predicciones sobre sucesos futuros basándose en tendencias históricas.

Estas capacidades predictivas son importantes no sólo para las empresas que pretenden mejorar la eficiencia, sino también para los mercados laborales, donde la comprensión de las fluctuaciones de la demanda puede orientar las decisiones de gestión de la mano de obra. A medida que las organizaciones dependen cada vez más de estos conocimientos para impulsar iniciativas estratégicas, la intrincada relación entre la calidad de los datos y la precisión predictiva se convierte en un aspecto fundamental de los procesos contemporáneos de toma de decisiones. El mero acceso a grandes cantidades de datos es insuficiente; la interpretación y contextualización de esta información son igualmente cruciales. Los agentes destacan en este campo por su capacidad de aprender de una amplia gama de escenarios y ajustes realizados a lo largo del tiempo. Este proceso de aprendizaje dinámico les permite refinar continuamente sus modelos predictivos, adaptándose a la nueva información y a las condiciones cambiantes en tiempo real. Las implicaciones de este aprendizaje adaptativo son profundas, sobre todo en sectores laborales directamente influidos por las tendencias del mercado, las preferencias de los clientes y la eficiencia operativa. En el sector minorista, los agentes analizan los comportamientos de compra para prever las necesidades de existencias, optimizando así la gestión del inventario y reduciendo el despilfarro. Esta previsión precisa mejora la productividad general, pero plantea retos para las funciones tradicionales, poniendo de relieve la necesidad de que los trabajadores se comprometan con los nuevos marcos tecnológicos que dan prioridad a la alfabetización en datos y a las capacidades analíticas. A medida que se intensifica la dependencia de las predicciones basadas en datos, no pueden subestimarse las implicaciones para el empleo global. Los puestos emergentes exigen competencia en el análisis de datos para aprovechar eficazmente el poder de la IA, creando así nuevas trayectorias profesionales junto con inevitables desplazamientos de puestos de trabajo. Los puestos centrados en la supervisión de la IA, la interpretación de los resultados de los datos y el aprovechamiento de los conocimientos para la toma de decisiones estratégicas van en aumento, lo que subraya un cambio de paradigma en el mercado laboral. A la inversa, la automatización de tareas y procesos rutinarios podría exacerbar las desigualdades existentes, sobre todo para los trabajadores cuyas habilidades son fácilmente sustituibles por la tecnología. El panorama general requiere una inversión en programas de educación y reciclaje para garantizar que la mano de obra esté preparada para hacer frente a estas transformaciones, alimentando un futuro en el que la alfabetización informática coexista con los avances de la IA. En consecuencia, la integración reflexiva de los agentes en diversos sectores debe ir acompañada de un compromiso con el desarrollo equitativo de la mano de obra.

Aplicaciones reales de los algoritmos predictivos

La integración de algoritmos predictivos en diversos sectores ha catalizado profundas transformaciones en la dinámica del lugar de trabajo, influyendo directamente en la forma de enfocar y ejecutar las tareas. En el ámbito sanitario, estos algoritmos analizan los datos de los pacientes para predecir con exactitud posibles acontecimientos médicos, permitiendo intervenciones proactivas. Al procesar grandes cantidades de registros sanitarios históricos junto con datos en tiempo real, los modelos predictivos ayudan a los profesionales sanitarios a identificar a los pacientes de riesgo, reduciendo así las tasas de readmisión hospitalaria y mejorando los resultados generales de los pacientes. El impacto de estos algoritmos no se limita a la atención al paciente; también se han beneficiado tareas administrativas como la programación y la asignación de recursos, optimizando la eficiencia operativa. Como resultado, los trabajadores sanitarios ven cómo sus funciones se desplazan hacia actividades más complejas y de valor añadido, en lugar de hacia tareas administrativas rutinarias, fomentando un entorno de trabajo que hace hincapié en la supervisión estratégica y la atención personalizada al paciente.

El sector minorista ejemplifica otro ámbito en el que los algoritmos predictivos han alterado sustancialmente las funciones laborales y la interacción con el consumidor. Los minoristas utilizan estos algoritmos para la gestión de inventarios mediante la previsión de patrones de demanda basados en el comportamiento de los consumidores, las tendencias estacionales e incluso factores externos como los indicadores económicos. A medida que los sistemas de inventario se automatizan cada vez más mediante el análisis predictivo impulsado por la IA, la necesidad de funciones tradicionales de gestión de existencias disminuye, allanando el camino a nuevos puestos centrados en la interpretación de datos y la planificación estratégica. Esta evolución exige una mano de obra competente en la interpretación de las perspectivas analíticas y la toma de decisiones informadas, lo que impulsa un cambio educativo hacia la alfabetización informática. A medida que los minoristas se adaptan a estas tecnologías, se anima a los empleados a desarrollar habilidades que faciliten la colaboración con la IA, mejorando así su empleabilidad en un entorno laboral en rápida evolución que exige cada vez más perspicacia tecnológica.

Si nos centramos en el sector de los servicios financieros, los algoritmos predictivos están resultando indispensables en la evaluación de riesgos y la detección del fraude. Mediante el empleo de técnicas de aprendizaje automático, las instituciones financieras pueden analizar patrones de transacciones y comportamientos de los clientes, obteniendo información que refuerza las medidas de seguridad y agiliza los procesos de toma de decisiones. A medida que los algoritmos identifican anomalías en tiempo real, aumenta el potencial para mitigar las actividades fraudulentas, protegiendo en última instancia tanto a los consumidores como a las instituciones. Esta evolución fomenta funciones laborales que combinan la tecnología y las finanzas, lo que exige que los profesionales posean una comprensión matizada de ambos dominios. El auge de los sistemas automatizados también suscita preocupación por el desplazamiento de puestos de trabajo dentro de funciones tradicionales como la suscripción y las comprobaciones de cumplimiento. Abordar este reto requiere un esfuerzo concertado por parte de las instituciones educativas y los empresarios para facilitar programas de reciclaje profesional, garantizando que los trabajadores despedidos puedan hacer la transición a campos emergentes que capitalicen las capacidades de los algoritmos predictivos.

Aplicación	Industria	Impacto laboral previsto	Año	Fuente
Chatbots de Atención al Cliente	Venta al por menor	Reducción de plantilla en un 30%	2023	Gartner
Algoritmos de adquisición de talentos	Recursos Humanos	Racionalización del proceso de contratación, reduciendo el personal de contratación en un 25%	2023	McKinsey y Compañía
Mantenimiento Predictivo	Fabricación	Aumento de la eficacia, con la consiguiente reducción del personal operativo en un 15%	2023	Deloitte
Sistemas de detección de fraudes	Finanzas	Reducción de la necesidad de revisiones manuales en un 50%	2023	PwC
Previsión de la demanda	Logística	Optimización de las funciones de la cadena de suministro, reduciendo la plantilla en un 20%	2023	Boston Consulting Group

Aplicaciones reales de los algoritmos predictivos en el empleo

VI. PROCESAMIENTO DE DATOS EN TIEMPO REAL

La integración del procesamiento de datos en tiempo real en la IA marca un avance significativo en las capacidades de los agentes. Esta funcionalidad permite a la IA analizar y reaccionar ante la información a medida que se genera, tomando decisiones y haciendo predicciones con una rapidez y precisión sin precedentes. La inmediatez resultante mejora diversas industrias al permitir respuestas rápidas a condiciones cambiantes, ya sea en la dinámica del mercado o en el comportamiento de los consumidores. En el sector financiero, los algoritmos pueden ejecutar operaciones casi instantáneamente basándose en la fluctuación de los precios, lo que permite a las empresas sacar provecho incluso de los movimientos más pequeños del mercado. Esta inmediatez no sólo mejora la eficiencia, sino que también eleva el listón de la capacidad de respuesta operativa, desafiando así los modelos tradicionales de procesamiento de datos que a menudo se basan en el procesamiento por lotes. A medida que se amplían las capacidades de procesamiento de datos en tiempo real, las organizaciones deben adaptarse para aprovechar todo el potencial de esta tecnología, alterando fundamentalmente la forma de operar de las empresas en entornos competitivos. Examinar las implicaciones del procesamiento de datos en tiempo real dentro del servicio de atención al cliente ilustra el potencial transformador de los agentes. Las empresas emplean ahora chatbots y asistentes virtuales que utilizan análisis de datos en tiempo real para dar respuestas inmediatas adaptadas a las consultas de los clientes. Estas herramientas pueden acceder a bases de datos en vivo para obtener información relevante, seguir las interacciones de los clientes y analizar el sentimiento instantáneamente. Esta agilidad no sólo mejora la satisfacción del cliente al reducir los tiempos de espera, sino que también permite a las empresas recopilar información valiosa sobre el comportamiento y las preferencias de los usuarios. A través de este bucle de retroalimentación continua, las empresas pueden perfeccionar sus productos y servicios para satisfacer la evolución de la demanda. La evolución de las funciones del servicio de atención al cliente es significativa; los puestos tradicionalmente ocupados por seres humanos son ocupados cada vez más por sistemas de IA capaces de gestionar grandes volúmenes de solicitudes con mayor eficacia. Este cambio plantea interrogantes sobre el futuro del empleo en los sectores de servicios y pone de relieve la necesidad de una mano de obra capacitada para supervisar y mejorar las interfaces impulsadas por la IA.

La adopción generalizada del procesamiento de datos en tiempo real dentro de la IA no está exenta de retos, sobre todo en lo que respecta a la dinámica del mercado laboral. Aunque estas tecnologías crean oportunidades para nuevas funciones en el análisis de datos y la gestión de la IA, también plantean amenazas considerables para los empleos convencionales. La automatización y los procesos impulsados por la IA pueden provocar el desplazamiento de trabajadores en empleos tradicionalmente centrados en el ser humano, incluidas funciones de atención al cliente y tareas básicas de introducción de datos. Este desplazamiento potencial agrava las desigualdades económicas existentes, ya que quienes tienen un acceso limitado a la educación o a programas de reciclaje pueden encontrarse mal equipados para la transición a las funciones emergentes. Los responsables políticos se enfrentan al doble reto de fomentar la innovación y garantizar soluciones equitativas para los trabajadores desplazados. Invertir en programas de formación que hagan hincapié en la alfabetización digital y las competencias técnicas avanzadas es crucial para paliar los posibles efectos sociales negativos de la rápida evolución tecnológica. Es esencial establecer un marco que no sólo acoja las eficiencias que ofrece la IA, sino que también salvaguarde los derechos de los trabajadores en un panorama cada vez más automatizado.

Definición e Importancia de los Datos en Tiempo Real

El panorama de la gestión de datos se ha transformado irrevocablemente con la llegada y proliferación del procesamiento de datos en tiempo real. Este enfoque permite a los sistemas recibir, analizar y responder a los datos a medida que se generan, en lugar de depender de conjuntos de datos agregados con una respuesta retardada. En el contexto de los agentes, los datos en tiempo real sirven de columna vertebral crucial, permitiendo a estas entidades tomar decisiones instantáneas que reflejen el estado actual del entorno en el que operan. Esta capacidad es especialmente beneficiosa en sectores que dependen en gran medida de la rápida interpretación de los datos, como el financiero, donde las fluctuaciones del mercado en tiempo real requieren decisiones comerciales rápidas, y el sanitario, donde los sistemas de monitorización de pacientes dependen del análisis inmediato de las constantes vitales. En consecuencia, la implantación de datos en tiempo real no sólo mejora la eficacia operativa, sino que también cataliza la innovación, posicionando a las organizaciones para reaccionar proactivamente ante circunstancias cambiantes y mejorando aún más su ventaja competitiva. Comprender la importancia de los datos en tiempo real implica reconocer su papel a la hora de impulsar la capacidad de respuesta operativa y la agilidad en los procesos de toma de decisiones. En los sectores afectados por los agentes, la capacidad de aprovechar los datos a medida que fluyen permite a las organizaciones detectar tendencias, identificar anomalías y optimizar procesos instantáneamente. Esta capacidad de actuar basándose en las percepciones actuales representa un cambio de paradigma respecto al tratamiento tradicional de los datos, en el que las empresas a menudo operaban basándose en información histórica que podía provocar retrasos y errores de cálculo. En logística, los agentes aprovechan los datos en tiempo real para predecir los plazos de entrega y redirigir dinámicamente los recursos para mitigar los retrasos. Tales capacidades subrayan la importancia de integrar los flujos de datos en tiempo real con las tecnologías de IA, facilitando una mayor precisión en la prestación de servicios y la satisfacción del cliente. De hecho, a medida que aumenta la dependencia de los datos en tiempo real en diversos sectores, las empresas no sólo mejoran sus métricas de rendimiento, sino que también redefinen el compromiso con el cliente mediante interacciones personalizadas y adaptables.

A medida que se amplía la influencia de los datos en tiempo real, surgen importantes consideraciones sobre la naturaleza evolutiva del empleo en un panorama impulsado por la tecnología. La integración de agentes, alimentada por el análisis inmediato de datos, fomenta la creación de funciones centradas en la ciencia de datos, el análisis operativo y el mantenimiento de sistemas, campos que requieren una mano de obra cualificada experta en aprovechar estos avances. A la inversa, esta tecnología también supone una amenaza para los puestos convencionales que tradicionalmente se basaban en el procesamiento y análisis manual de datos, lo que lleva a una creciente preocupación por el desplazamiento de puestos de trabajo. Los trabajadores pueden verse en la necesidad de reciclarse o perfeccionarse para asegurar su puesto en un mercado laboral en evolución que favorece cada vez más a quienes pueden trabajar eficazmente con sistemas impulsados por la IA. A medida que las organizaciones se adaptan a estos cambios, es esencial un doble enfoque: aprovechar los datos en tiempo real y abordar las necesidades de la fuerza de trabajo, para garantizar una transición equilibrada hacia un futuro en el que los agentes desempeñen un papel fundamental en la sociedad.

Tecnologías que permiten el procesamiento en tiempo real

La integración de tecnologías de procesamiento en tiempo real se ha convertido en un pivote en el avance de las capacidades de los agentes, permitiéndoles operar con una eficacia y precisión sin precedentes. Estas tecnologías abarcan una serie de innovaciones, como la computación en la nube, la computación en los bordes y sofisticadas herramientas de análisis de datos, todas ellas diseñadas para manejar las enormes cantidades de datos que se generan en diversos sectores. El procesamiento en tiempo real permite a los agentes analizar los datos instantáneamente, extrayendo conclusiones y tomando decisiones basadas en la información más actualizada disponible. Esta inmediatez mejora no sólo la eficiencia operativa, sino también la calidad de la toma de decisiones en diversas aplicaciones, como los vehículos autónomos, las ciudades inteligentes y los sistemas dinámicos de gestión de la cadena de suministro. Como resultado, las empresas pueden responder hábilmente a las fluctuaciones del mercado y a las preferencias de los consumidores, garantizando que sigan siendo competitivas dentro de sus respectivos sectores. Las implicaciones de estas capacidades van más allá de las meras mejoras técnicas, y reflejan una transformación más amplia de la forma en que las organizaciones interactúan con su entorno.

Las ramificaciones de las tecnologías mejoradas de procesamiento en tiempo real afectan no sólo a los aspectos operativos, sino también al panorama de la mano de obra. Los agentes equipados con capacidades de procesamiento en tiempo real pueden ejecutar tareas que antes requerían la intervención humana, sobre todo en funciones de atención al cliente y soporte técnico. Las empresas despliegan cada vez más chatbots y asistentes virtuales impulsados por IA para atender las consultas de los clientes al instante, lo que refleja un cambio hacia soluciones automatizadas que son rentables y escalables. Aunque estos avances pueden dar lugar a eficiencias sustanciales, también suscitan preocupación por el desplazamiento de puestos de trabajo para las personas que desempeñan funciones susceptibles de automatización. El potencial de reducción de la demanda de mano de obra en determinadas áreas ilustra una compleja interacción entre la progresión tecnológica y la dinámica del empleo. En respuesta, la mano de obra puede tener que adaptarse adquiriendo nuevas habilidades relevantes para las oportunidades emergentes en el análisis de datos, el desarrollo de IA y la gestión de sistemas, lo que supone un cambio significativo en los requisitos educativos y de formación. Los beneficios de las tecnologías de procesamiento en tiempo real no están exentos de desafíos, sobre todo en lo que respecta a la equidad en las oportunidades de empleo. El rápido despliegue de los agentes puede agravar las desigualdades existentes, sobre todo entre los trabajadores poco cualificados, cuyas funciones pueden ser más vulnerables a la automatización. A medida que las industrias dependen cada vez más del procesamiento en tiempo real para mejorar la productividad, los trabajadores que carecen de acceso a una formación continua o a recursos para la transición a nuevas funciones pueden sufrir un impacto desproporcionado. Para mitigar estos retos, las partes interesadas -incluidos los responsables políticos, las instituciones educativas y las empresas- deben tomar medidas proactivas para garantizar un acceso equitativo a los programas y recursos de formación. Este enfoque colectivo es esencial no sólo para proporcionar nuevas vías a los trabajadores desplazados, sino también para fomentar un ecosistema laboral que pueda prosperar junto con las tecnologías en avance. A medida que la tecnología siga remodelando el panorama laboral, abordar estas disparidades será crucial para mantener la cohesión social y la estabilidad económica.

Impacto en los procesos de toma de decisiones

La integración de agentes en diversos sectores configura profundamente el panorama de la toma de decisiones. Estos sofisticados sistemas, alimentados por capacidades de aprendizaje automático y procesamiento de datos en tiempo real, permiten a las organizaciones basar sus decisiones en amplios análisis de datos en lugar de sólo en la intuición. Cuando las organizaciones aprovechan la IA para la toma de decisiones, obtienen acceso a herramientas de modelado predictivo que pueden prever las tendencias del mercado y los comportamientos de los consumidores con una precisión sin precedentes. Mediante el empleo de estos agentes, las empresas pueden optimizar las operaciones, mejorar las interacciones con los clientes y potenciar la asignación de recursos a través de percepciones basadas en datos. En consecuencia, disminuye la dependencia de las evaluaciones cualitativas, lo que puede conducir a una cultura en la que las decisiones dependan predominantemente de algoritmos. Este cambio fundamental puede mejorar la eficiencia y la eficacia, pero también invita a criticar la pérdida de juicio humano, que tradicionalmente incorporaba consideraciones éticas y conocimientos experienciales al proceso de toma de decisiones. La adopción de marcos de toma de decisiones basados en la IA en entornos profesionales suele dar lugar a un enfoque más ágil y racionalizado para superar los retos. Las empresas de sectores como la sanidad y las finanzas han empezado a utilizar agentes para cribar enormes cantidades de datos e identificar patrones que serían casi imposibles de discernir por los analistas humanos en un breve plazo de tiempo. Esta capacidad se extiende a funciones cruciales como la evaluación de riesgos y el diagnóstico de pacientes. La inmediatez de los agentes en el procesamiento de la información permite a las organizaciones responder con prontitud a los problemas emergentes, reduciendo eficazmente el tiempo de retraso que puede dar lugar a la pérdida de oportunidades o a errores catastróficos. La dependencia de la IA para la toma de decisiones introduce preocupaciones en torno a las implicaciones éticas de tales tecnologías. Concretamente, estos agentes suelen operar dentro de parámetros predefinidos que pueden no tener en cuenta repercusiones sociales más amplias o dilemas éticos, priorizando así la eficacia sobre las consideraciones morales. La influencia significativa de la IA en los procesos de toma de decisiones es indicativa de una transformación más amplia del panorama laboral. A medida que los agentes se convierten en parte integrante de las decisiones estratégicas, la demanda de funciones tradicionales basadas en la perspicacia y la experiencia humanas puede disminuir, provocando posibles desplazamientos de la mano de obra. No obstante, surgen nuevas oportunidades de empleo a medida que las organizaciones buscan personas competentes en la supervisión, gestión e interpretación de los resultados de la IA. El conjunto de habilidades necesarias para desenvolverse en este nuevo entorno exige una reevaluación de las capacidades que deben poseer los futuros empleados. Este cambio no sólo pone de relieve la importancia de las competencias técnicas, sino que también subraya la necesidad de que las personas cultiven habilidades de pensamiento crítico y juicio ético para afrontar los retos que plantea la dependencia de la IA. En resumen, la transición hacia la toma de decisiones mejorada por la IA requiere un delicado equilibrio entre el aprovechamiento de los avances tecnológicos y la preservación de los elementos humanos por excelencia de la intuición y el razonamiento ético en los entornos profesionales.

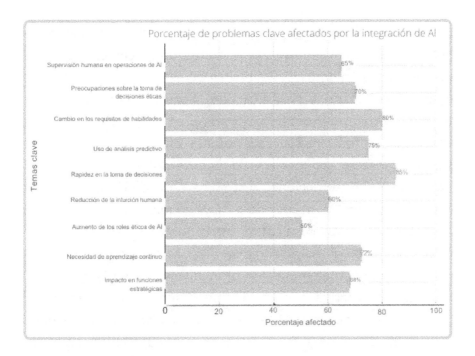

Este gráfico de barras ilustra el porcentaje de diversas cuestiones clave afectadas por la integración de la IA. Cada barra representa una cuestión diferente, y la longitud de la barra indica el grado de impacto experimentado, que oscila entre el 50% y el 85%. El gráfico ofrece una representación visual clara, que permite comparar fácilmente cómo se ven afectados por la IA distintos aspectos de las operaciones.

VII. AGENTES EN LA ATENCIÓN AL CLIENTE

Los avances en IA han dado paso a un periodo de transformación del servicio al cliente, alterando las interacciones entre empresas y consumidores. En el centro de esta evolución están los agentes, sofisticados sistemas que aprovechan los algoritmos de aprendizaje automático para comprender y responder a las consultas de los clientes con notable eficacia. Estos agentes pueden procesar grandes cantidades de datos en tiempo real, basándose en interacciones históricas para predecir y atender las preferencias y necesidades individuales de los clientes. Aprovechando esta capacidad, las organizaciones pueden implantar agentes que ofrezcan experiencias personalizadas a escala, permitiéndoles mantener altos niveles de satisfacción del cliente. La integración de la IA en el servicio de atención al cliente no sólo optimiza la eficiencia operativa -automatizando las tareas rutinarias y liberando a los empleados humanos para que se centren en cuestiones complejas-, sino que también mejora la capacidad de las empresas para responder con rapidez a las demandas del mercado, remodelando así el panorama competitivo. El papel de los agentes se ejemplifica aún más por su capacidad para operar 24 horas al día, 7 días a la semana, ofreciendo asistencia a través de varias plataformas sin las limitaciones de los recursos humanos. Esta disponibilidad constante se traduce en una mejora de la prestación de servicios, ya que los clientes pueden acceder a la asistencia siempre que la necesiten, lo que aumenta la fidelidad y la retención. La automatización de las consultas de los clientes y de los procesos de asistencia permite a las empresas gestionar un mayor volumen de solicitudes en comparación con los métodos tradicionales. En consecuencia, las organizaciones pueden reducir los costes asociados a la mano de obra y, al mismo tiempo, mejorar los tiempos de respuesta, lo que supone un cambio significativo en la forma de llevar a cabo las operaciones de atención al cliente. Sin embargo, aunque muchas empresas se benefician de estas eficiencias, surge la preocupación por la disminución de la demanda de puestos tradicionales de atención al cliente, lo que provoca una reevaluación de la dinámica del empleo dentro de este sector y fuera de él.

La proliferación de agentes en el servicio de atención al cliente introduce tanto oportunidades como retos en materia de empleo. Aunque crean nuevas vías para puestos especializados en gestión de IA, análisis de datos y mejora de las relaciones con los clientes, también presentan un riesgo de desplazamiento laboral para muchas funciones antes desempeñadas por humanos. A medida que cambian las necesidades operativas y las empresas dan prioridad a la agilidad y la rentabilidad, surge una clara división entre la creciente demanda de profesionales expertos en tecnología y la disminución de la necesidad de empleados de atención al cliente basados en la rutina. Esta evolución suscita una preocupación vital por el aumento de la desigualdad, ya que los trabajadores que carecen de las aptitudes necesarias se encuentran en desventaja en un mercado laboral que cambia rápidamente. El impacto más amplio sobre el empleo mundial requiere un enfoque proactivo por parte de los responsables políticos, las empresas y los sistemas educativos para garantizar que la mano de obra se adapte y prospere junto con estos avances, proporcionando una perspectiva equilibrada para el futuro del empleo en un panorama impulsado por la IA.

Automatización de las interacciones con los clientes

La transformación de las interacciones con los clientes mediante la automatización está impulsada en gran medida por el avance de las tecnologías de IA. Al desplegar agentes, las empresas pueden agilizar los procesos de comunicación, reduciendo eficazmente los tiempos de espera y aumentando la eficiencia del servicio. Estos agentes, equipados con capacidades de procesamiento del lenguaje natural, facilitan las interacciones en tiempo real con los clientes a través de diversas plataformas, como sitios web, redes sociales y aplicaciones móviles. La integración del aprendizaje automático permite que estos sistemas mejoren con el tiempo, aprendiendo de las interacciones anteriores para anticipar y satisfacer mejor las necesidades de los clientes. Este cambio en la forma en que las empresas se relacionan con los consumidores no sólo mejora la experiencia del cliente -ofreciendo un servicio personalizado adaptado a las preferencias individuales-, sino que también permite a las organizaciones asignar los recursos humanos de forma más estratégica. El personal puede así centrarse en tareas más complejas que requieren inteligencia emocional y pensamiento crítico, trabajando así junto a la IA en lugar de ser sustituido por ella.

El auge de los agentes automatizados de atención al cliente ha provocado cambios significativos en el panorama laboral. Aunque estas tecnologías mejoran la eficacia operativa, al mismo tiempo suscitan preocupación por el desplazamiento de puestos de trabajo, sobre todo en el caso de funciones que dependen en gran medida de tareas rutinarias. Los puestos de atención al cliente de primera línea, como los operadores de centros de llamadas, están cada vez más sometidos a la automatización, lo que provoca una disminución de la demanda de mano de obra poco cualificada. Esta tendencia plantea interrogantes sobre el futuro de los trabajadores cuyas responsabilidades pueden quedar obsoletas tras la integración de la IA. A la inversa, el cambio hacia la automatización también genera nuevas oportunidades dentro del ecosistema tecnológico. Las funciones emergentes en el mantenimiento de sistemas de IA, análisis de datos, y diseño de aprendizaje automático democratizan la mano de obra, exigiendo una gama diversa de conjuntos de aptitudes. Las empresas necesitarán personas competentes capaces de gestionar e interpretar los conocimientos proporcionados por los agentes, lo que creará la necesidad de una formación profesional y una educación reestructuradas para satisfacer estas demandas en evolución. A medida que las empresas se adaptan a las interacciones con los clientes impulsadas por la IA, las implicaciones para el empleo global son polifacéticas y requieren un enfoque previsor por parte de los responsables políticos, las organizaciones y la mano de obra. Anticiparse a los cambios en los mercados de trabajo requiere no sólo comprender las capacidades que se demandarán, sino también los posibles efectos socioeconómicos que tales transformaciones pueden engendrar. Los responsables políticos deben invertir en marcos laborales adaptables que puedan facilitar las transiciones de los trabajadores mediante programas de reciclaje y mejora de las cualificaciones, garantizando que los trabajadores desplazados estén equipados para las nuevas funciones. Las empresas, por su parte, deben reconocer la importancia de fomentar un entorno de colaboración en el que los agentes humanos y de IA coexistan de forma productiva. Esta relación representa una oportunidad para que las organizaciones potencien la creatividad y la inno-

81

vación, al tiempo que mitigan el riesgo de exacerbar las desigualdades económicas. El éxito de la integración de los agentes en las interacciones con los clientes dependerá de los esfuerzos colectivos para equilibrar los avances tecnológicos con las necesidades de la mano de obra, allanando el camino para un mercado laboral más resistente e inclusivo.

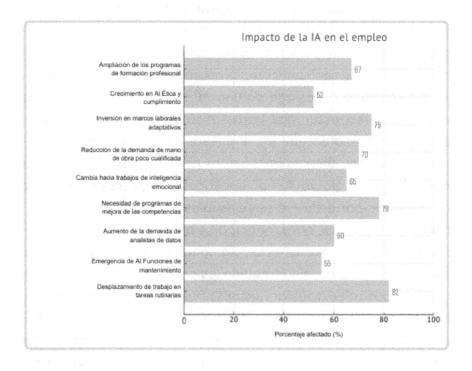

El gráfico que se muestra ilustra los diversos impactos de la IA en el empleo, destacando el porcentaje de personas afectadas por cada tipo de cambio. En particular, el desplazamiento de puestos de trabajo en tareas rutinarias es la preocupación más significativa, ya que afecta al 82% de la mano de obra, mientras que el crecimiento de la ética y el cumplimiento de la IA tiene el menor impacto, con un 52%. El gráfico ofrece una visión clara de las tendencias laborales influidas por la IA, destacando áreas como la necesidad de programas de mejora de las cualificaciones y el cambio hacia funciones que requieren inteligencia emocional.

Ventajas de la IA en la atención al cliente

La integración de la IA en los sistemas de atención al cliente ha dado paso a una era transformadora caracterizada por el aumento de la eficacia y la mejora de las experiencias de los usuarios. Estas plataformas impulsadas por la IA, diseñadas para gestionar multitud de consultas de clientes simultáneamente, garantizan que las empresas puedan mantener un alto nivel de servicio sin el aumento proporcional de los costes de mano de obra humana. La capacidad de la IA para funcionar las veinticuatro horas del día elimina las barreras tradicionales relacionadas con el horario laboral y la ubicación, lo que permite un compromiso continuo con el cliente. Esta disponibilidad ininterrumpida es especialmente ventajosa para las empresas globales, ya que atiende a clientes de distintas zonas horarias, fomentando así un modelo de servicio inclusivo. La utilización de algoritmos predictivos permite a estos sistemas anticiparse a las necesidades de los clientes y agilizar los tiempos de respuesta, lo que no sólo aumenta la satisfacción, sino que también fomenta la fidelidad a la marca. En consecuencia, las empresas pueden ser más ágiles y receptivas, atributos innegablemente críticos en el acelerado panorama comercial actual. Una de las principales ventajas de emplear la IA en la atención al cliente reside en su capacidad de aprovechar grandes cantidades de datos para personalizar las interacciones. Cada consulta o respuesta única proporciona información valiosa, que la IA pueden analizar para crear experiencias a medida para los usuarios. Al reconocer patrones y preferencias, los agentes pueden recomendar productos o soluciones que resuenen con los individuos a nivel personal. Este nivel de personalización no sólo mejora la satisfacción del cliente, sino que también amplifica la eficacia de las estrategias de ventas, lo que conduce a mayores tasas de conversión y mayores ingresos. Recopilar y analizar los datos de interacción de los clientes ayuda a las empresas a identificar los puntos de dolor comunes de en sus servicios, lo que les permite introducir mejoras informadas en sus ofertas. Este bucle iterativo de retroalimentación optimiza aún más el recorrido del cliente, reforzando la relevancia de la IA en el perfeccionamiento continuo de los mecanismos de apoyo, lo que en última instancia se traduce en una clientela más comprometida y leal.

El despliegue estratégico de agentes en funciones de atención al cliente conlleva implicaciones para la dinámica de la mano de obra, lo que provoca una reevaluación de las estructuras de empleo dentro de las organizaciones. A medida que la IA se vuelve experta en realizar consultas rutinarias y resolver problemas estándar, los agentes humanos pueden centrarse en interacciones más complejas y matizadas con los clientes, que requieren empatía, creatividad y pensamiento crítico. Este cambio no sólo mejora la satisfacción laboral de los trabajadores humanos, sino que también transforma la naturaleza de las habilidades requeridas en el mercado laboral. Las empresas pueden verse en la necesidad de empleados que posean conocimientos tecnológicos avanzados y la capacidad de gestionar eficazmente la IA. Aunque persiste la preocupación por el desplazamiento de puestos de trabajo, la evolución hacia un modelo híbrido que englobe tanto a la IA como a los agentes humanos ofrece oportunidades para que los empleados pasen a desempeñar funciones más satisfactorias que hagan hincapié en las capacidades de orden superior. A medida que la IA reconfigura la atención al cliente, invita simultáneamente a un diálogo más amplio sobre sus implicaciones a largo plazo para el empleo, la cultura del lugar de trabajo y la futura mano de obra.

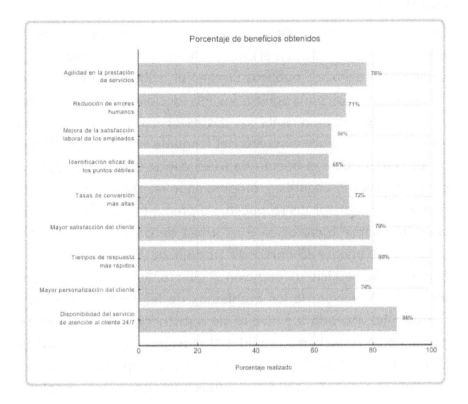

Este gráfico de barras ilustra el porcentaje de diversos beneficios de servicio al cliente que se han realizado. Cada ventaja, como "Disponibilidad del cliente 24 horas al día, 7 días a la semana" y "Mejora de la satisfacción del cliente", se muestra en el eje vertical, con el porcentaje correspondiente realizado en el eje horizontal. El gráfico destaca eficazmente qué beneficios se han conseguido con mayor y menor éxito, proporcionando una visión clara del rendimiento en este contexto.

Casos prácticos de IA en el servicio de atención al cliente

En avances recientes, Duke Energy ha ejemplificado el poder transformador de la IA en el ámbito de la atención al cliente. La empresa de servicios públicos empleó un sofisticado agente de IA, llamado Duke, para agilizar las interacciones con los clientes y reducir significativamente los costes operativos. Mediante la integración del procesamiento del lenguaje natural y el aprendizaje automático, el agente de IA es capaz de comprender las consultas de los clientes y proporcionar respuestas en tiempo real. Al automatizar las respuestas a preguntas comunes, como consultas sobre facturación e informes de cortes, Duke Energy redujo eficazmente la carga de trabajo de los representantes humanos del servicio de atención al cliente. Esto no sólo ha agilizado la resolución de los problemas de los clientes, sino que también ha elevado los niveles de satisfacción de los clientes gracias a un servicio más rápido. Al reasignar agentes humanos a consultas más complejas y matizadas, la empresa ilustra una reasignación de los recursos humanos, ofreciendo a los empleados la oportunidad de dedicarse a un trabajo más significativo y garantizando al mismo tiempo que las tareas rutinarias se gestionan con eficacia. Otro caso convincente es el del sector de los viajes, en el que empresas como Hilton Hotel han aprovechado la IA para mejorar la experiencia de sus huéspedes. Utilizando chatbots basados en IA en sus sitios web y aplicaciones móviles, Hilton proporciona asistencia inmediata para consultas sobre reservas, selección de habitaciones y servicios de conserjería. La implantación de estos agentes ha permitido a la cadena hotelera mantener altos niveles de atención al cliente, sobre todo en las horas punta, cuando aumenta la demanda y el personal humano puede verse desbordado. Estos sistemas de IA analizan los datos y preferencias de los clientes para ofrecerles recomendaciones personalizadas, creando así una experiencia a medida para cada huésped. Aunque esta innovación mejora la eficacia y el compromiso de los clientes, simultáneamente plantea cuestiones sobre las implicaciones para el empleo humano en el sector de la hostelería. Las funciones tradicionales pueden disminuir a medida que aumente la dependencia de la IA, lo que exige un planteamiento estratégico de formación y reciclaje de los empleados para adaptarse al nuevo panorama del servicio al cliente.

Empresas de telecomunicaciones como Verizon también han adoptado agentes para responder a las demandas cambiantes de su base de clientes. Al desplegar asistentes virtuales capaces de gestionar toda una serie de tareas de atención al cliente, Verizon ha mejorado su capacidad de respuesta y su eficiencia en la asistencia a los abonados. La tecnología de IA no sólo ayuda a los clientes a resolver problemas técnicos, sino que también facilita los procesos de gestión de cuentas, como la facturación y los ajustes del plan de servicio. Este compromiso proactivo con los clientes minimiza los tiempos de espera y mejora la experiencia general del servicio. No obstante, la integración de la IA requiere una cuidadosa consideración de la dinámica de la mano de obra; mientras que las tareas que antes realizaban los humanos ahora se automatizan, es probable que aumente la demanda de técnicos cualificados y estrategas de atención al cliente. Este doble efecto subraya la importancia de comprender cómo la IA puede crear nuevas vías de empleo incluso cuando automatiza determinadas funciones de atención al cliente, poniendo de relieve la necesidad de una adaptación continua de la mano de obra para prosperar en un entorno tecnológicamente avanzado.

Empresa	Aplicación	Impacto	Sustituciones de empleados	Año
Amazon	Chatbots de IA para consultas de clientes	Reducción del tiempo de respuesta en un 70	Se estima que se sustituirán 4.000 puestos de trabajo en el servicio de atención al cliente	2022
Banco de América	Erica, la asistente virtual basada en IA	Aumento del compromiso de los usuarios en un 30%.	Aproximadamente 1.500 funciones racionalizadas	2021
H&M	Sistema de gestión de inventarios basado en IA	Mejora de la eficacia de la cadena de suministro en un 25%	Se calcula que 2.000 funciones han pasado a supervisar la IA	2023
Sephora	Artista virtual que utiliza la IA para interactuar con el cliente	Aumento de la satisfacción del cliente en un 40	Reducción limitada de personal, transformación de funciones	2021
Telstra	Chat y asistencia por voz basados en IA	Aumento de la tasa de resolución de problemas en un 80%.	Aproximadamente 1.000 funciones afectadas	2022

Casos prácticos de IA en el servicio de atención al cliente

VIII. AGENTES EN LOGÍSTICA

El panorama de la logística ha experimentado un cambio transformador con la integración de los agentes, que han revolucionado la eficiencia de la gestión de la cadena de suministro. Estos sistemas avanzados aprovechan los algoritmos de aprendizaje automático y el análisis predictivo para optimizar la gestión de rutas e inventarios. Al analizar grandes cantidades de datos, desde patrones de tráfico hasta el rendimiento histórico de los envíos, los agentes pueden proporcionar información en tiempo real que permite a las empresas tomar decisiones informadas con rapidez. Esta capacidad no sólo minimiza los costes operativos, sino que también mejora la satisfacción del cliente al garantizar la entrega puntual de las mercancías. La sofisticación de estos sistemas permite a las empresas adaptarse rápidamente a las cambiantes demandas del mercado, una necesidad en el vertiginoso entorno actual. El despliegue de la IA en la logística también fomenta la transparencia, ya que las partes interesadas pueden supervisar los envíos y anticiparse a posibles retrasos. A medida que evolucionen estas tecnologías, es probable que se integren cada vez más en las operaciones logísticas, lo que acentúa aún más la necesidad de una mano de obra capacitada para trabajar junto a tales innovaciones. La influencia de los agentes va más allá de la mera eficiencia; tiene importantes implicaciones para el empleo en el sector de la logística. Tradicionalmente, funciones como la gestión de almacenes y la coordinación del transporte dependían en gran medida de la supervisión humana. Con la llegada de la IA, muchas de estas tareas pueden automatizarse, lo que se traduce en una reducción de personal para las funciones rutinarias. Aunque este

cambio puede provocar el desplazamiento de puestos de trabajo, al mismo tiempo crea nuevas oportunidades que requieren
competencias avanzadas. Aumentan los puestos orientados al
desarrollo, mantenimiento y análisis de datos de IA , que exigen
una mano de obra adaptable y técnicamente competente. Las
organizaciones se enfrentan así al doble reto de gestionar las
transiciones de la mano de obra y ofrecer programas de formación para dotar a los empleados de las competencias necesarias. Este panorama laboral en evolución subraya la importancia
de la planificación estratégica de la mano de obra a medida
que las empresas navegan por las ventajas e inconvenientes
asociados al avance tecnológico en logística. A medida que las
empresas incorporan agentes a sus operaciones logísticas, la
decisión de adoptar estas tecnologías plantea tanto una promesa como un dilema ético en relación con el empleo. El potencial de desplazamiento de puestos de trabajo plantea cuestiones sobre la disparidad económica y la preparación de la mano
de obra. La automatización suele priorizar la eficiencia y el ahorro de costes, lo que puede exacerbar inadvertidamente las desigualdades existentes, sobre todo en las regiones que dependen de las funciones logísticas tradicionales. Las industrias deben asumir la responsabilidad de garantizar que los empleados
afectados por la automatización reciban el apoyo y el reciclaje
adecuados. Esta situación requiere un esfuerzo de colaboración
de las distintas partes interesadas, incluidos los responsables
políticos, las instituciones educativas y las empresas, haciendo
hincapié en la necesidad de estrategias de desarrollo de la
mano de obra adaptables. Fomentando un entorno que pro-
mueva el aprendizaje continuo y la adquisición de habilidades,
la sociedad puede aprovechar las ventajas de la IA y, al mismo

90

tiempo, mitigar sus efectos adversos sobre el empleo. Así pues, la trayectoria de los agentes en la logística sirve de punto focal crítico en el debate más amplio sobre el futuro del trabajo en la era del avance tecnológico.

El papel de la IA en la gestión de la cadena de suministro

La integración de la IA en la gestión de la cadena de suministro supone una transformación largamente esperada en el modo de operar de las empresas, con notables mejoras en eficiencia, precisión y capacidad de respuesta. En el centro de esta revolución están los agentes equipados con capacidades de aprendizaje automático que les permiten analizar grandes cantidades de datos y discernir patrones que eludirían la supervisión humana. Mediante el empleo de algoritmos predictivos, estos agentes pueden prever la demanda con notable precisión, facilitando una gestión óptima del inventario que minimice el despilfarro y garantice la disponibilidad. Esta mejora en los procesos de toma de decisiones no sólo acelera la capacidad de respuesta a las fluctuaciones del mercado, sino que también mejora la satisfacción del cliente. La reducción de las roturas de stock aumenta la fiabilidad de la marca, fomentando así la fidelidad del cliente. A medida que las organizaciones adoptan cada vez más soluciones basadas en la IA, la construcción de las cadenas de suministro evoluciona, dando paso a un modelo más interconectado y racionalizado que puede adaptarse a la cambiante dinámica global.

La eficiencia operativa es primordial en las cadenas de suministro contemporáneas, y los agentes desempeñan un papel fundamental en la consecución de este objetivo. Al automatizar las tareas rutinarias, como la introducción de datos y el procesamiento de pedidos, la IA mitiga el potencial de error humano y libera a los empleados de actividades repetitivas. Esta transición permite a los recursos humanos centrarse en tareas de orden superior, como la planificación estratégica y la gestión de relaciones, mejorando así la productividad general de la planti-lla. Las capacidades de procesamiento de datos en tiempo real permiten a las empresas supervisar continuamente las operaciones de su cadena de suministro, lo que conduce a ajustes oportunos y a una mayor transparencia operativa. El despliegue de tecnologías impulsadas por la IA- también facilita la gestión de riesgos al identificar vulnerabilidades en tiempo real, lo que permite a las empresas diseñar planes de contingencia de forma proactiva. A medida que las empresas aprovechan el poder de la IA, no sólo impulsan la eficiencia de sus operaciones, sino que también cultivan una cultura de la innovación que puede responder a las presiones competitivas y a las demandas de los consumidores con mayor habilidad.

Un aspecto de esta revolución de la IA que a menudo se pasa por alto es su profundo efecto en el mercado laboral mundial, especialmente en el ámbito de la gestión de la cadena de suministro. A medida que los agentes automatizan diversos procesos, existe una dualidad en el impacto sobre el empleo: el desplazamiento de determinadas funciones junto con la creación de nuevas oportunidades. Los puestos tradicionales centrados en la ejecución manual de tareas están en peligro, pero surgen nuevas demandas de profesionales cualificados que puedan diseñar, gestionar e interpretar la IA. La aparición de funciones en el análisis de datos, la ingeniería de aprendizaje automático y la integración de sistemas refleja este cambio e ilustra la creciente necesidad de una mano de obra tecnológicamente experta. Esta evolución supone un reto para que los sistemas de educación y formación se adapten rápidamente, garantizando que los trabajadores posean las competencias necesarias para el futuro panorama laboral. Navegar por esta transición requerirá medidas proactivas por parte de las empresas, los responsables políticos y las instituciones educativas para salvaguardar contra el aumento de la desigualdad y facilitar una integración sin problemas de las tecnologías de IA en la mano de obra.

Mejora de la eficacia mediante la IA

La integración de agentes en diversos sectores ha dado lugar a importantes mejoras de la eficiencia que redefinen los paradigmas operativos tradicionales. Al aprovechar el aprendizaje automático y el análisis predictivo, la IA puede procesar grandes cantidades de datos con notable rapidez y precisión, superando las capacidades humanas para identificar patrones y tomar decisiones informadas. En logística, los agentes optimizan la gestión de la cadena de suministro mediante la previsión de la demanda, la predicción de posibles retrasos y la automatización del control de inventarios, lo que aumenta la productividad y minimiza los costes. Los aumentos de productividad también son evidentes en el servicio de atención al cliente, donde los chatbots de IA gestionan las consultas rutinarias, permitiendo a los empleados humanos centrarse en cuestiones más complejas que requieren comprensión emocional y respuestas matizadas. Esta redistribución de tareas no sólo agiliza las operaciones, sino que también permite a las organizaciones ampliar sus servicios sin el correspondiente aumento de los costes laborales. Esta optimización muestra cómo la IA puede eliminar redundancias y mejorar el flujo de trabajo, marcando un cambio fundamental en la eficacia operativa. Las implicaciones de estos avances van más allá de la mera eficiencia; plantean cuestiones críticas sobre el futuro panorama de la mano de obra. A medida que la IA asumen tareas rutinarias y repetitivas, muchas funciones tradicionales pueden quedar obsoletas, lo que conducirá a una inevitable transformación del mercado laboral. Industrias como la manufacturera y la de servicios están asistiendo a un cambio en el que las funciones intensivas en mano de obra están cada vez más automatizadas, lo que suscita debates sobre el desplazamiento de puestos de trabajo y las disparidades socio-económicas. Por otro lado, está aumentando la demanda de profesionales cualificados que puedan desarrollar, implantar y mantener tecnologías de IA. Esta transición de paradigma pone de relieve la necesidad de una fuerza de trabajo experta en los campos de la tecnología y el análisis de datos. En consecuencia, las instituciones educativas y los programas de formación deben evolucionar para preparar a las personas para este panorama cambiante, fomentando una generación capaz de prosperar junto a los agentes en lugar de ser marginada por ellos.

Abordar la dualidad de oportunidades y retos que plantean las mejoras de la eficiencia impulsadas por la IA exige un enfoque proactivo tanto por parte de los responsables políticos como de las empresas. Para mitigar los efectos adversos de la automatización, es esencial elaborar políticas integrales que faciliten el reciclaje y la mejora de las cualificaciones de los trabajadores desplazados. Las iniciativas que promueven la educación STEM y la accesibilidad a los recursos tecnológicos capacitarán a las personas para buscar nuevas funciones en un mercado laboral en rápida evolución. Las empresas deben adoptar una mentalidad progresista que dé prioridad a un crecimiento equilibrado, reconociendo el valor de las contribuciones humanas en capacidades creativas y estratégicas junto con la eficiencia de la IA. Fomentando un diálogo integrador entre las partes interesadas -gobiernos, instituciones educativas y sector privado- pueden desarrollarse estrategias que aprovechen el potencial de la IA, salvaguardando al mismo tiempo la estabilidad económica y la equidad social. Mediante este esfuerzo de colaboración, las sociedades pueden navegar eficazmente por las complejidades de la integración de la IA, garantizando un futuro en el que la tecnología mejore las oportunidades de empleo en lugar de socavarlas.

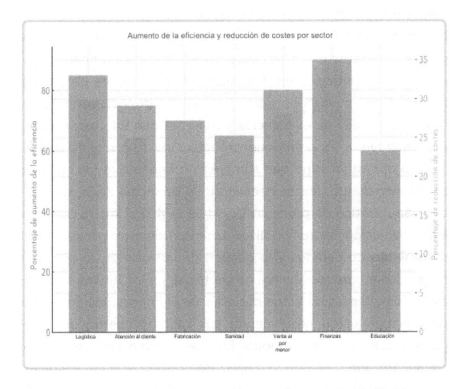

El gráfico muestra los porcentajes de Ganancia de Eficacia y Reducción de Costes en varios sectores. Cada sector está representado por dos barras: una para la Ganancia de Eficiencia, resaltada en azul, y otra para la Reducción de Costes, mostrada en naranja. Esta visualización permite comparar fácilmente las métricas de rendimiento dentro de cada sector, con Finanzas y Logística a la cabeza en ganancias de eficiencia, mientras que Finanzas muestra de nuevo el mayor porcentaje de reducción de costes.

Ejemplos de aplicaciones de IA en logística

El sector logístico está a la vanguardia de la innovación impulsada por la IA, mostrando aplicaciones transformadoras que mejoran la eficiencia y reducen los costes. Una aplicación notable es el uso del análisis predictivo impulsado por la IA, que analiza los datos históricos para prever la demanda con mayor precisión. Al anticiparse a los picos de demanda de productos, las empresas pueden optimizar los niveles de inventario, reduciendo el exceso de existencias y minimizando los costes de almacenamiento. Este enfoque proactivo no sólo mejora la eficiencia operativa, sino que también garantiza que los recursos se asignen donde más se necesitan. La adopción de la automatización robótica de procesos (RPA) en logística ilustra aún más esta revolución; se racionalizan tareas rutinarias como el procesamiento de pedidos y la gestión de inventarios, lo que permite a los empleados humanos centrarse en iniciativas más estratégicas. Mediante estos avances tecnológicos, las empresas de logística están redefiniendo sus marcos operativos, integrando soluciones de vanguardia que cultivan una cadena de suministro ágil y receptiva, capaz de adaptarse a las condiciones dinámicas del mercado. La integración de vehículos autónomos es otra manifestación convincente de la IA en la industria logística, que altera fundamentalmente el panorama de los sistemas de transporte y entrega. Las empresas están desplegando cada vez más drones controlados por IA y camiones autoconducidos para el transporte de mercancías y las entregas urbanas, reduciendo sustancialmente la dependencia de los conductores humanos. Este cambio facilita tiempos de entrega más rápidos y una reducción de los costes laborales, mejorando la eficiencia general de las cadenas de suministro. Los avances en el aprendizaje automático permiten a estos vehículos navegar por entornos urbanos complejos y optimizar las rutas en tiempo real, una característica esencial dado el aumento de la congestión en muchas áreas metropolitanas. Aunque estas innovaciones prometen mejorar la eficacia de las entregas, también suscitan preocupaciones pertinentes en relación con el desplazamiento de los puestos de trabajo tradicionales del transporte por carretera. La dependencia emergente de los sistemas autónomos ilustra la naturaleza de doble filo del progreso en IA, revelando cómo la tecnología, al tiempo que genera nuevas eficiencias, desafía simultáneamente las normas de empleo establecidas. Un aspecto crítico de la incorporación de la IA a la logística tiene que ver con la optimización de la gestión de almacenes mediante sofisticados sistemas robóticos y algoritmos de clasificación. Estas aplicaciones de IA facilitan el seguimiento y la gestión del inventario en tiempo real, mejorando significativamente los procesos de cumplimiento de pedidos. Los vehículos de guiado automático (AGV) y los brazos robóticos mejoran la productividad al agilizar la manipulación de mercancías, reduciendo los errores humanos en la clasificación y el embalaje. Este cambio tecnológico no sólo conlleva un aumento considerable de la velocidad operativa, sino que también permite un mayor índice de precisión en la entrega de pedidos, transformando fundamentalmente la dinámica del servicio al cliente dentro de la industria logística. No obstante, la rápida automatización de las funciones de almacenamiento plantea cuestiones críticas sobre las implicaciones para la mano de obra. Aunque la logística impulsada por la IA crea oportunidades de empleo en la gestión de la tecnología, la supervisión cualificada y el mantenimiento de los sistemas, al mismo tiempo pone de relieve la necesidad urgente de iniciativas de reciclaje para dotar a los trabajadores desplazados de las habilidades necesarias para prosperar en un mercado laboral en evolución. El equilibrio entre aprovechar los beneficios de la IA y mitigar su impacto en el empleo será fundamental para configurar el futuro de este sector.

Aplicación IA	Descripción	Impacto en el empleo	Fuente citada
Automatización de almacenes	Robots y sistemas de IA para recoger, clasificar y embalar mercancías	Reducción de la necesidad de trabajo manual; cambio de funciones hacia el soporte técnico y el mantenimiento	McKinsey & Company, 2023
Análisis Predictivo	Utilizar la IA para prever la demanda y optimizar la gestión de la cadena de suministro	Aumento de la demanda de analistas de datos y gestores de la cadena de suministro	Gartner, 2023
Vehículos autónomos de reparto	Vehículos autoconducidos para el reparto de última milla	Posible pérdida de puestos de trabajo en los sectores de reparto; creación de funciones de mantenimiento y supervisión de vehículos	Forbes, 2023
Sistemas de Gestión de Inventario	Soluciones basadas en IA para el seguimiento y la gestión de inventarios en tiempo real	Disminución de los trabajos manuales de gestión de inventarios; crecimiento de las funciones de los analistas de sistemas	Statista, 2023
Optimización de rutas	Algoritmos de IA para determinar las rutas de reparto más eficaces	Reducción de las funciones de coordinación logística; mayor necesidad de expertos en planificación de rutas.	Deloitte, 2023

Aplicaciones de la IA en Logística

IX. AGENTES EN LA FABRICACIÓN

La transformación de los procesos de fabricación mediante la implantación de agentes ha revolucionado las prácticas industriales tradicionales, dando lugar a un aumento de la eficacia y la productividad. Estos agentes, impulsados por algoritmos capaces de aprendizaje automático y análisis de datos, permiten a los fabricantes optimizar sus operaciones. Empleando el mantenimiento predictivo, las fábricas pueden minimizar el tiempo de inactividad causado por averías de la maquinaria, reduciendo significativamente los costes asociados a reparaciones e interrupciones. El procesamiento de datos en tiempo real permite a la IA ajustar los programas de producción en función de las fluctuaciones de la demanda, maximizando así la utilización de los recursos. Esta fluidez en las estrategias de fabricación no sólo aumenta la eficacia operativa, sino que también permite a las empresas responder rápidamente a los cambios del mercado, mejorando su ventaja competitiva. A medida que los agentes se integran en los entornos de fabricación, impulsan la adopción de fábricas inteligentes, donde los sistemas interconectados trabajan en colaboración para ajustar los procesos con una intervención humana mínima. La transformación resultante desafía el panorama de la fabricación convencional, lo que sugiere la necesidad de una mano de obra cualificada experta en gestionar y aprovechar estas tecnologías avanzadas. La dinámica del empleo en el sector manufacturero está evolucionando a medida que se amplía la influencia de los agentes. La integración de estas tecnologías requiere un cambio en el conjunto de competencias de la mano de obra, destacando la importancia de los conocimientos técnicos en gestión de datos y operaciones de IA. A medida que se automatizan las funciones menos cualificadas, surgen oportunidades en áreas que requieren conocimientos analíticos avanzados. La demanda de científicos de datos e ingenieros para desarrollar y mantener la IA está floreciendo, creando una nueva mano de obra orientada a las prácticas impulsadas por la tecnología. La dualidad de esta transformación plantea preocupaciones críticas en relación con el desplazamiento de puestos de trabajo. Los trabajadores que realizan tareas repetitivas o manuales son cada vez más vulnerables al desempleo, lo que pone de relieve una consideración esencial para los responsables políticos y los líderes de la industria. Los esfuerzos para ofrecer programas de reciclaje y mejora de las cualificaciones pueden ayudar a mitigar los efectos adversos sobre los trabajadores desplazados, alineando sus capacidades con las demandas cambiantes del mercado laboral. Equilibrar los beneficios de la integración de la IA al tiempo que se abordan los retos de la mano de obra será fundamental para el futuro del empleo en la industria manufacturera. A medida que los agentes sigan dando forma a la industria manufacturera, las implicaciones de su integración se extenderán más allá de la eficiencia y la productividad, influyendo en panoramas socioeconómicos más amplios. La mejora de los procesos operativos puede conducir inadvertidamente a una mayor desigualdad de ingresos, ya que las empresas que invierten en capacidades de IA superan a sus homólogas menos adeptas a la tecnología. Esta trayectoria plantea interrogantes sobre la distribución de la riqueza dentro de las industrias y la posibilidad de que aumente la brecha entre los puestos de alta cualificación y altos salarios y los empleos de baja cualificación y bajos salarios. Las comunidades que dependen de los empleos manufactureros se enfrentan a la perspectiva de una perturbación económica, lo que exige medidas proactivas por parte de las agencias y organizaciones gubernamentales. Serán esenciales políticas integrales que apoyen la transición de la mano de obra, garantizando que las regiones afectadas por la automatización reciban los recursos necesarios para adaptarse. Dando prioridad a la educación en tecnología y fomentando una cultura de aprendizaje permanente, las partes interesadas pueden ayudar a crear una mano de obra más equitativa que adopte los avances provocados por los agentes, sentando así las bases de un crecimiento económico sostenible en el sector manufacturero.

Automatización de los procesos de producción

A medida que las industrias adoptan cada vez más la automatización en los procesos de producción, la integración de agentes ha surgido como una fuerza transformadora que impulsa la productividad y la eficiencia. Estos agentes aprovechan técnicas avanzadas de aprendizaje automático y análisis predictivo para optimizar los flujos de trabajo, supervisar las líneas de producción y gestionar los inventarios con una precisión sin precedentes. Este cambio no es una mera actualización tecnológica; significa un cambio fundamental en la forma en que las empresas conceptualizan el trabajo y la productividad. Los trabajadores tradicionalmente implicados en tareas manuales se encuentran en funciones que requieren supervisión, resolución de problemas y colaboración con sistemas inteligentes. Así pues, el centro de atención ha pasado de la mera producción laboral al compromiso intelectual con las herramientas automatizadas, lo que ilustra una evolución fundamental en la dinámica del lugar de trabajo. Esta transición plantea cuestiones críticas sobre la naturaleza del empleo, los conjuntos de capacidades y la posible obsolescencia de determinadas categorías laborales a medida que la IA sigue perfeccionando las metodologías de producción. El auge de la IA en los procesos de producción anuncia cambios significativos en los puestos de trabajo y las cualificaciones necesarias en diversos sectores. En la fabricación, por ejemplo, los sistemas robóticos y de IA pueden ejecutar tareas repetitivas con un mínimo de errores, lo que reduce la demanda de mano de obra no cualificada. A la inversa, surgen nuevas oportunidades para los técnicos que pueden gestionar, programar y mantener estos sistemas, lo que subraya la demanda de mano de obra cualificada y competente en tecnología. Este cambio tecnológico amplifica la importancia del análisis de datos, ya que las empresas buscan profesionales capaces de interpretar los conocimientos generados por las plataformas de IA. El sistema educativo debe adaptarse a estas demandas laborales emergentes, equipando a los estudiantes con habilidades que se alineen con el panorama laboral en evolución. Las ramificaciones de la automatización se extienden más allá de los requisitos de cualificación, ya que los mercados laborales tradicionales pueden experimentar una desestabilización, intensificando los debates en torno a la desigualdad económica y el acceso a programas de reciclaje.

Navegar por las complejidades introducidas por los agentes en la producción plantea tanto retos como oportunidades para el empleo global. La automatización de tareas intensivas en mano de obra puede provocar un desplazamiento sustancial de puestos de trabajo, especialmente en funciones que hacen hincapié en las operaciones rutinarias más que en la resolución creativa de problemas. Mientras que algunos sectores pueden experimentar una contracción de la disponibilidad de empleo, otros se expandirán, creando una situación paradójica de crecimiento del empleo en funciones tecnológicamente avanzadas en medio de reducciones generales del empleo tradicional. Equilibrar esta dinámica es crucial para los responsables políticos, las empresas y las instituciones educativas, y requiere una comprensión global de las tendencias del mercado laboral. Los esfuerzos colectivos deben centrarse en facilitar una transición suave a los trabajadores afectados por la automatización, fomentar un entorno propicio al aprendizaje y alentar la adaptabilidad. Las

medidas proactivas, como las iniciativas de formación en colaboración entre las industrias y los organismos educativos, pueden ayudar a mitigar los efectos negativos y a crear una mano
de obra resistente a los retos de la era de la automatización.

Impacto en la dinámica de la mano de obra

La creciente prevalencia de los agentes en diversas industrias ha alterado fundamentalmente la dinámica de la mano de obra, ya que la relación entre empresarios y empleados evoluciona a la par que los avances tecnológicos. Estos sistemas inteligentes son capaces de realizar tareas que van desde la simple introducción de datos hasta complejos procesos de toma de decisiones, a menudo con mayor rapidez y precisión que sus homólogos humanos. Como consecuencia, las empresas están empezando a reevaluar sus necesidades de personal, lo que conduce a una reconfiguración de las funciones dentro de las organizaciones. Aumenta la demanda de mano de obra cualificada en los sectores impulsados por la tecnología, que exigen nuevas competencias en análisis de datos y gestión de la IA. Este cambio crea oportunidades para que los trabajadores se dediquen a tareas más creativas y estratégicas, al tiempo que exige una nueva capacitación para aquellos cuyas funciones se automatizan o disminuyen. La doble naturaleza del desplazamiento tecnológico y de la oportunidad subraya una fase de transición en el mercado laboral, que apunta a una necesidad urgente de iniciativas educativas y de desarrollo de la mano de obra para garantizar que los empleados estén equipados para un futuro integrado en la IA.

Curiosamente, sectores como el servicio de atención al cliente y la logística son ejemplos excelentes del impacto de los agentes en las funciones laborales tradicionales. Los chatbots automatizados, por ejemplo, han transformado la forma en que las empresas interactúan con los consumidores, proporcionando asistencia inmediata y gestionando las consultas rutinarias. Este cambio no sólo aumenta la eficiencia, sino que también permite a los trabajadores humanos centrarse en cuestiones más complejas de los clientes, mejorando así la calidad general del servicio. Del mismo modo, en logística, los algoritmos de IA optimizan la gestión de la cadena de suministro y el control de inventarios, lo que se traduce en una reducción sustancial de los costes y una mejora de la eficacia operativa. Aunque estos avances muestran el potencial positivo de la integración de la IA en , también suscitan preocupación por el desplazamiento de puestos de trabajo. Los trabajadores que desempeñan funciones muy susceptibles a la automatización, a menudo los que realizan tareas repetitivas, se enfrentan a una vulnerabilidad significativa. Este contraste pone de relieve una creciente división dentro de la mano de obra, ya que los individuos en puestos adaptables pueden prosperar mientras que otros se enfrentan al desempleo sin el apoyo adecuado ni vías de transición.

A medida que la mano de obra sigue sorteando estos complejos cambios, la posibilidad de que aumente la desigualdad se convierte en un problema acuciante. Los beneficios de la integración de la IA no se dejan sentir de manera uniforme en todos los sectores o grupos demográficos, sino que tienden a acumularse entre quienes poseen no sólo un conocimiento básico de la tecnología, sino también los medios para adaptarse. Esta disparidad plantea cuestiones críticas relativas al acceso a la educación y al reciclaje profesional. Sin una intervención proactiva, la llegada de los agentes corre el riesgo de exacerbar las desigualdades existentes, dejando atrás a los individuos de entornos socioeconómicos más bajos que podrían carecer de los recursos para el reciclaje profesional. Para mitigar estos retos, son primordiales las políticas públicas destinadas a fomentar el acceso equitativo a la tecnología y la educación. Crear programas inclusivos que garanticen que todos los trabajadores puedan cultivar las habilidades necesarias para prosperar en un panorama impulsado por la IA será esencial para configurar un mercado laboral más equilibrado para el futuro. Abordar esta dinámica no sólo salvaguardará los medios de subsistencia, sino que también fortificará la adaptabilidad general de la mano de obra en una era marcada por la rápida progresión tecnológica.

Casos prácticos de IA en la fabricación

La implantación de la IA en entornos de fabricación es un testimonio de cómo la tecnología puede mejorar la eficiencia operativa. En un caso notable, un importante fabricante de automóviles integró robots dotados de IA en sus cadenas de montaje. Estos robots aprovechan los algoritmos de aprendizaje automático para optimizar su rendimiento basándose en datos en tiempo real, ajustándose a los cambios en las demandas de producción e incluso colaborando con los trabajadores humanos. El resultado fue una reducción significativa del tiempo de producción y una mejora de la calidad general de los vehículos fabricados. A medida que la IA sigue evolucionando, su capacidad de aprender de vastos conjuntos de datos permite a estas máquinas no sólo realizar tareas repetitivas, sino también tomar decisiones que pueden agilizar los procesos, reduciendo los residuos y minimizando el tiempo de inactividad. Esta transformación indica un cambio en la dinámica de la mano de obra, ya que los operadores humanos se están convirtiendo cada vez más en supervisores de sistemas complejos en lugar de en trabajadores manuales, lo que hace necesario el desarrollo de nuevas habilidades adaptadas a la gestión de la tecnología de IA. Un examen crítico de la integración de la IA en otro caso de fabricación pone de relieve la importancia del mantenimiento predictivo. Un importante fabricante de productos electrónicos desplegó algoritmos de IA para controlar la salud de los equipos, prediciendo posibles fallos antes de que se produjeran. Analizando los datos históricos y el rendimiento de las máquinas en tiempo real, el sistema de IA podía alertar a los equipos de mantenimiento de anomalías que podían indicar averías inminentes. Este enfoque proactivo redujo la frecuencia de los tiempos de inactividad de las máquinas, minimizó los costes de reparación y prolongó significativamente la vida útil de la maquinaria. La aplicación estratégica de estos agentes ilustra el potencial para mejorar la productividad y reducir los gastos operativos en todo el sector manufacturero. Sin embargo, este caso también suscita preocupación por la menor necesidad de funciones de mantenimiento tradicionales, lo que suscita debates sobre el reciclaje de la mano de obra y la necesidad de adaptación en el mercado laboral para garantizar la continuidad del empleo en medio de los avances tecnológicos. La integración de agentes en los procesos de fabricación plantea cuestiones pertinentes sobre su efecto en las funciones de los empleados y la estructura del lugar de trabajo. Un caso concreto en la industria textil fue la automatización del control de calidad mediante sistemas de inspección visual impulsados por IA. Estos sistemas son expertos en identificar defectos que el ojo humano puede pasar por alto, mejorando así la consistencia del producto. Aunque estas innovaciones pueden mejorar la calidad de la producción, también pueden provocar cambios significativos en los modelos de empleo, especialmente para los trabajadores que desempeñan funciones de control de calidad. La transición a las inspecciones facilitadas por la IA requiere la recualificación de los empleados afectados, permitiéndoles pasar a puestos más centrados en la tecnología. Así pues, aunque la IA promete una mayor eficacia operativa y calidad de los productos, al mismo tiempo desafía a la mano de obra existente a participar en un aprendizaje y una adaptación continuos, garantizando que las personas puedan prosperar en un panorama cada vez más automatizado.

Empresa	Ubicación	Año	Tecnología de IA utilizada	Aumento de la eficacia	Reducción de los costes laborales	Cambios en el empleo
Empresa A	EE.UU.	2022	Automatización robótica de procesos	35%	20%	10% de reducción de plantilla
Empresa B	Alemania	2023	Mantenimiento Predictivo	40%	25%	20% reasignados a otras áreas
Empresa C	Japón	2023	Control de calidad basado en la IA	30%	15%	Reducción de plantilla del 5
Empresa D	China	2022	Líneas de montaje automatizadas	50%	30%	25% automatización de la mano de obra

Impacto de la integración de la IA en la fabricación

X. AGENTES EN SANIDAD

La llegada de los agentes al sector sanitario es un testimonio del poder transformador de la tecnología. Estos sistemas avanzados aprovechan el aprendizaje automático y los algoritmos predictivos, lo que les permite analizar grandes cantidades de datos médicos con eficacia. Al aprovechar las capacidades de procesamiento de datos en tiempo real, los agentes pueden ayudar en diversos entornos clínicos, desde el diagnóstico hasta la gestión de pacientes. A medida que estas herramientas evolucionan, su integración en los centros sanitarios presenta ventajas tangibles, como una mayor precisión en la predicción de enfermedades y planes de tratamiento personalizados. El enfoque proactivo que permiten los agentes no sólo mejora la calidad de la atención al paciente, sino que también optimiza la asignación de recursos en los entornos sanitarios, lo que en última instancia conduce a unas operaciones más ágiles. Como resultado, aumenta la capacidad de los profesionales sanitarios para centrarse en la gestión de casos complejos, lo que pone de relieve un cambio en la dinámica de la práctica médica en la que la experiencia humana complementa los avances tecnológicos. El impacto de los agentes en el panorama laboral de la sanidad refleja tendencias más amplias en diversos sectores. A medida que estos agentes asumen tareas tradicionalmente realizadas por humanos, crece la demanda de profesionales que gestionen, interpreten e innoven junto con las tecnologías de IA. Surgen nuevas funciones centradas en la integración tecnológica, el análisis de datos y las implicaciones éticas de la implantación de la IA. Este cambio no sólo requiere que el personal sanitario recapacite y mejore sus cualificaciones, sino que también crea la necesidad de una mano de obra adaptable y preparada para aceptar el cambio tecnológico. No obstante, la creciente importancia de la IA en la asistencia sanitaria suscita preocupaciones pertinentes en relación con el desplazamiento de puestos de trabajo. Los puestos de nivel básico, como los administrativos, pueden disminuir a medida que se automatizan los procesos, lo que podría ampliar las diferencias de empleo. El sector sanitario debe navegar por este complejo panorama, buscando un equilibrio en el que los avances tecnológicos fomenten las oportunidades y, al mismo tiempo, aborden el problema del desplazamiento.

Evaluar el futuro de los agentes en la asistencia sanitaria revela tanto perspectivas prometedoras como retos desalentadores. Las tecnologías emergentes proporcionan herramientas que pueden mejorar significativamente los resultados de los pacientes, al tiempo que plantean dilemas en torno a la privacidad de los datos, el sesgo algorítmico y la responsabilidad. Dado que los profesionales sanitarios colaboran cada vez más con los agentes, será vital disponer de modelos de formación eficaces para garantizar que la supervisión humana siga siendo una prioridad. La integración de agentes plantea cuestiones sobre los marcos éticos que guían su uso en la práctica clínica. Las políticas públicas desempeñarán un papel crucial en el establecimiento de normativas que garanticen el despliegue responsable de las aplicaciones de IA, salvaguardando al mismo tiempo el bienestar de los pacientes. Navegar por esta transformación sin precedentes de la asistencia sanitaria requiere la participación de múltiples partes interesadas, incluidos los responsables políticos, los proveedores de asistencia sanitaria y los desarrolladores de tecnología. Deben trabajar colectivamente para garantizar que la IA mejore, en lugar de socavar, los elementos humanos que constituyen el núcleo de la asistencia sanitaria, facilitando un panorama laboral que se adapte a las oportunidades que ofrecen los avances tecnológicos.

Aplicaciones de IA en el diagnóstico médico

La integración de la IA en el ámbito del diagnóstico médico anuncia una nueva era en la asistencia sanitaria, marcada por una mayor eficacia y precisión. Mediante la utilización de algoritmos de aprendizaje automático y vastos conjuntos de datos, la IA pueden identificar patrones y anomalías en imágenes médicas, resultados de laboratorio e historiales de pacientes que podrían eludir incluso a profesionales experimentados. Esta capacidad tiene implicaciones de gran alcance, sobre todo en campos como la radiología y la patología, donde la necesidad de herramientas de diagnóstico rápidas y fiables es primordial. A medida que se desarrollen estas aplicaciones de IA, no sólo mejorarán la precisión diagnóstica, sino que también contribuirán a reducir considerablemente los costes de la asistencia sanitaria. La capacidad de los agentes para sintetizar grandes volúmenes de información de forma instantánea reduce la carga de los profesionales humanos, permitiéndoles dedicar tiempo a la atención al paciente y a la toma de decisiones complejas que requieren el juicio humano. Al redefinir el proceso de diagnóstico, la IA tiene el potencial de mejorar drásticamente los resultados para los pacientes, al tiempo que transforma los flujos de trabajo sanitarios.

Aunque el avance tecnológico de la IA en el diagnóstico médico ofrece numerosas ventajas, al mismo tiempo plantea interrogantes sobre el papel de los profesionales sanitarios y el futuro del empleo en este campo. A medida que la IA se vuelven más competentes, crece la preocupación de que determinadas funciones, sobre todo las relacionadas con tareas rutinarias de diagnóstico, puedan quedar obsoletas. Los radiólogos, por ejemplo, se enfrentan a la doble tarea de adaptarse a las tecnologías que ayudan al diagnóstico y, al mismo tiempo, garantizar que siguen siendo relevantes en un panorama cambiante. Esta transición requiere una reevaluación de los planes de estudios y la formación profesional, haciendo hincapié en las habilidades que complementan las capacidades de la IA en lugar de replicarlas. En consecuencia, el panorama profesional de evolucionará, requiriendo expertos que puedan interpretar los conocimientos generados por la IA, interactuar eficazmente con los pacientes y participar en complejos procesos de toma de decisiones médicas. Es esencial hacer hincapié en la colaboración entre el ser humano y la máquina, ya que esta sinergia puede servir para mejorar tanto la satisfacción laboral como el compromiso del paciente.

Las implicaciones sociales del diagnóstico médico basado en la IA también merecen un examen exhaustivo, sobre todo en lo que respecta al acceso equitativo y la distribución de la mano de obra. A medida que los proveedores de asistencia sanitaria apliquen estas tecnologías, podrían surgir disparidades en el acceso, exacerbando los problemas de desigualdad en la prestación de asistencia sanitaria. Las instituciones más ricas pueden adoptar más fácilmente las soluciones de IA, mientras que las zonas desatendidas pueden quedarse rezagadas, afianzando aún más las desigualdades existentes. Los responsables políticos deben dar prioridad a los esfuerzos para democratizar el acceso a las herramientas de diagnóstico de vanguardia, garantizando que los beneficios se distribuyan equitativamente entre los diversos grupos demográficos. El potencial de desplazamiento de puestos de trabajo en el campo médico subraya la necesidad de medidas proactivas, como iniciativas de reciclaje y apoyo a los trabajadores en transición a nuevas funciones. Fomentando una mano de obra adaptable y preparada para un panorama en evolución, la sociedad no sólo puede mitigar los efectos adversos de la disrupción tecnológica, sino también aprovechar las capacidades de la IA para mejorar la prestación general de asistencia sanitaria, garantizando que su potencial transformador se haga realidad para todos.

Año	Aplicación IA	Tasa de precisión	Fuente
2022	Aprendizaje profundo para imágenes médicas	90%	Revista de Imagen Médica
2023	Procesamiento del lenguaje natural para la documentación clínica	85%	Revista Internacional de Informática Médica
2023	Análisis predictivo en el diagnóstico de pacientes	88%	Asuntos de Salud
2023	Radiología asistida por IA	92%	Revista de Radiología
2023	IA en Patología	89%	El patólogo

Aplicaciones de la IA en el diagnóstico médico

Mejoras en la atención al paciente

La llegada de los agentes está remodelando fundamentalmente el panorama de la asistencia sanitaria, haciendo hincapié en los tres elementos fundamentales de la atención al paciente: precisión, accesibilidad y eficiencia. Los algoritmos impulsados por la IA pueden analizar vastos conjuntos de datos para facilitar el diagnóstico, reduciendo así las posibilidades de error humano en situaciones críticas. Aprovechar los modelos de aprendizaje automático permite a los profesionales identificar patrones en los datos de los pacientes que podrían eludir incluso los profesionales más experimentados. El resultado es un proceso de diagnóstico más preciso, que no sólo mejora los resultados de los pacientes, sino que también infunde una mayor confianza en el sistema sanitario. Este avance tecnológico altera fundamentalmente el papel de los profesionales sanitarios, permitiéndoles centrarse en las interacciones directas con los pacientes y en actividades complejas de toma de decisiones, mientras que la IA gestiona las tareas que requieren mucha información, optimizando así procesos que tradicionalmente consumían mucho tiempo y recursos. La accesibilidad a los servicios sanitarios mejora notablemente con la integración de la IA. La distancia ya no es una barrera significativa, pues las plataformas de telesalud potenciadas por agentes ofrecen a los pacientes la posibilidad de consultar a profesionales médicos desde la comodidad de sus hogares. Esta transformación es especialmente beneficiosa para las personas que viven en zonas rurales o desatendidas, donde los servicios especializados pueden ser limitados. A través de la participación proactiva impulsada por la IA, los pacientes pueden recibir intervenciones oportunas, lo que en última instancia conduce a una mejor gestión de las enfermedades crónicas y la atención preventiva. La capacidad de monitorización 24 horas al día, 7 días a la semana, a través de dispositivos portátiles con IA, ofrece a los pacientes información constante sobre su salud, fomentando su autonomía y el cumplimiento de los regímenes de tratamiento. Posteriormente, esta mayor accesibilidad no sólo enriquece la experiencia del paciente, sino que también contribuye a mejoras generales de la salud pública al reducir los ingresos hospitalarios y las intervenciones de urgencia. El aumento de la eficiencia que aportan las aplicaciones de IA se extiende más allá de la atención inmediata al paciente, afectando a los sistemas sanitarios a una escala más amplia. La automatización de las tareas administrativas rutinarias mediante agentes no sólo agiliza las operaciones, sino que también disminuye la carga del personal sanitario, permitiéndole destinar sus habilidades a actividades de atención crítica. Esta optimización tiene beneficios económicos tangibles, ya que las organizaciones pueden gestionar mayores cargas de pacientes sin un aumento proporcional del personal, reduciendo así los costes operativos. A medida que evoluciona la IA, el potencial del análisis predictivo fomenta un enfoque más proactivo de la gestión sanitaria, alineando los recursos con la demanda real. Este cambio promueve una mejor asignación de los recursos sanitarios, garantizando que la atención se preste donde más se necesita. Al mejorar la eficiencia general del sistema, los agentes no sólo están revolucionando la atención a los pacientes, sino que también están transformando la forma en que las organizaciones sanitarias diseñan estrategias operativas ante unas demandas cada vez mayores.

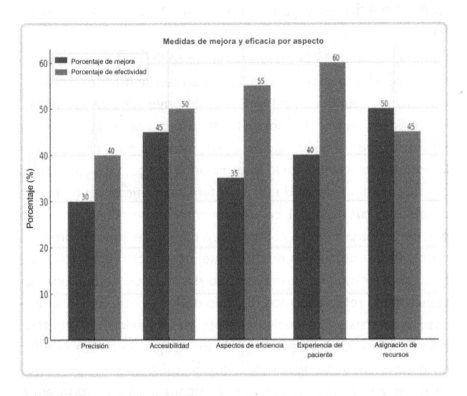

El gráfico ilustra los Porcentajes de Mejora y Eficacia en varios aspectos en un contexto sanitario. Cada aspecto está representado por dos barras: una para el Porcentaje de Mejora y otra para el Porcentaje de Eficacia, demostrando claramente cómo se comparan varias métricas en sus respectivas categorías. Esta visualización permite comparar fácilmente los distintos aspectos, destacando dónde se han conseguido mejoras y eficacia.

Consideraciones éticas en la asistencia sanitaria con IA

La integración de la IA en la asistencia sanitaria plantea un sinfín de consideraciones éticas que merecen una seria reflexión. Una cuestión fundamental radica en la privacidad de los datos; la confidencialidad del paciente es primordial en los entornos sanitarios, por lo que exige medidas estrictas para navegar por la naturaleza sensible de la información médica. La IA necesitan grandes cantidades de datos para funcionar eficazmente, lo que plantea la cuestión del consentimiento informado y de hasta qué punto los pacientes comprenden cómo pueden utilizarse sus datos. Preocupa que las prácticas de recopilación de datos puedan conducir inadvertidamente a la explotación de poblaciones vulnerables, reforzando las desigualdades existentes en el acceso a la asistencia sanitaria. Este riesgo exige un planteamiento reflexivo del desarrollo de la IA, que garantice que las directrices éticas se basen en el compromiso de proteger la autonomía y la justicia del paciente. Alcanzar un equilibrio entre maximizar las capacidades de la IA y salvaguardar la integridad ética definirá, en última instancia, el éxito de la implantación de la IA en el sector sanitario. El sesgo en los algoritmos de IA representa otro dilema ético crítico en las aplicaciones sanitarias. Cuando la IA se desarrollan con conjuntos de datos que reflejan sesgos sociales, los algoritmos resultantes pueden producir resultados sesgados, comprometiendo así la calidad de la asistencia. Por ejemplo, si una IA se entrena predominantemente con datos de un grupo demográfico específico, sus capacidades predictivas pueden no evaluar o tratar con precisión a personas de otros orígenes, perpetuando las disparidades sanitarias. El sesgo puede surgir de las aportaciones humanas durante la fase de diseño, afectando a los procesos de toma de decisiones y amplificando los prejuicios en lugar de aliviarlos. Abordar estas cuestiones implica fomentar la diversidad tanto en los conjuntos de datos utilizados como entre los equipos de desarrollo de IA . Al dar prioridad a las prácticas inclusivas y a la comprobación rigurosa de los prejuicios, las partes interesadas pueden contribuir a un panorama sanitario más equitativo, haciendo hincapié en que la responsabilidad ética debe acompañar al avance tecnológico. El despliegue de agentes en la asistencia sanitaria no sólo altera los flujos de trabajo clínicos, sino que también repercute en la mano de obra humana de este sector vital. El auge de las tecnologías de IA presenta tanto oportunidades como retos para los profesionales sanitarios, ya que determinadas tareas se automatizan al tiempo que surgen nuevas funciones de supervisión y análisis de datos. Sin embargo, esta transformación invita a un escrutinio ético en relación con el desplazamiento de trabajadores humanos. Muchos profesionales sanitarios temen que la IA pueda sustituir a funciones críticas tradicionalmente realizadas por seres humanos, lo que puede provocar la pérdida de puestos de trabajo y una menor participación en el proceso de prestación de cuidados. Abordar estas preocupaciones requiere un enfoque proactivo de la formación del personal y la asignación de recursos, equipando a los trabajadores sanitarios con las habilidades necesarias para adaptarse a un entorno mejorado por la IA. Garantizando que el personal no sea simplemente sustituido, sino capacitado, los sistemas sanitarios pueden superar esta transición respetando los principios éticos que dan prioridad a la estabilidad del empleo y a la calidad de la atención al paciente.

XI. AGENTES EN LAS FINANZAS

La aparición de los agentes ha provocado profundos cambios en el sector financiero, redefiniendo los marcos operativos tradicionales y mejorando la eficiencia. En el núcleo de estos avances se encuentra la integración de algoritmos de aprendizaje automático y análisis de datos en tiempo real, que permiten a las instituciones financieras procesar grandes cantidades de datos con una rapidez y precisión sin precedentes. Estos sistemas impulsados por la IA son expertos en identificar pautas y tendencias que pueden pasar desapercibidas a los analistas humanos, lo que permite tomar decisiones informadas sobre inversiones, gestión de riesgos y cumplimiento de la normativa. La automatización de tareas rutinarias como el procesamiento de transacciones y las comprobaciones de cumplimiento permite a los profesionales financieros centrarse en iniciativas más estratégicas, enriqueciendo así la calidad general del servicio y la capacidad de respuesta de las instituciones financieras. A medida que estas tecnologías sigan evolucionando, se espera que no sólo agilicen las operaciones, sino que también contribuyan al desarrollo de productos financieros más sofisticados, adaptados para satisfacer las diversas necesidades de una base de consumidores global.

Las transformaciones impulsadas por los agentes en las finanzas también están remodelando el panorama de la mano de obra, evocando una mezcla de optimismo y preocupación. Por un lado, el auge de la IA facilita la creación de nuevas categorías laborales, sobre todo en el desarrollo tecnológico, la ciencia de los datos y la ética de la IA, marcando un cambio respecto a las funciones tradicionales que pueden llegar a ser redundantes. A medida que las instituciones financieras adoptan las tecnologías de IA, aumenta la demanda de profesionales cualificados capaces de gestionar y optimizar estas herramientas. A la inversa, el potencial de desplazamiento significativo de puestos de trabajo plantea cuestiones críticas sobre la preparación de la mano de obra existente para la transición a nuevas funciones. Muchos empleados pueden carecer de las aptitudes necesarias para adaptarse a un entorno cada vez más dominado por las proezas tecnológicas, lo que provocará divisiones socioeconómicas más profundas. Esta dinámica evolutiva requiere estrategias específicas por parte de las empresas, las instituciones educativas y los responsables políticos para garantizar una transición justa a los afectados, destacando la necesidad urgente de iniciativas de reciclaje profesional y marcos de aprendizaje permanente para evitar el desempleo generalizado. Al contemplar el futuro papel de los agentes en el sector financiero, resulta imperativo abordar las implicaciones éticas y normativas que conlleva su integración. A medida que proliferan las tecnologías de IA, las preocupaciones en torno a la privacidad de los datos, el sesgo algorítmico y la responsabilidad surgen como cuestiones centrales que las entidades financieras deben afrontar. El establecimiento de marcos sólidos para el despliegue ético de la IA es fundamental para mantener la confianza de los consumidores, ya que las personas desconfían cada vez más del uso que estos agentes hacen de sus datos personales. Las instituciones financieras deben navegar por el delicado equilibrio entre la innovación y la protección contra el uso indebido, lo que sugiere que la colaboración entre los desarrolladores tecnológicos, los reguladores y las entidades financieras es esencial. La configuración de un panorama normativo que fomente el despliegue responsable de la IA, al tiempo que impulse la innovación, puede conducir a un entorno mutuamente beneficioso. A medida que se desarrollen estos debates, la trayectoria del empleo en el sector financiero no sólo dependerá de los avances tecnológicos, sino que también dependerá en gran medida de la forma en que la sociedad gestione colectivamente la integración de la IA, priorizando al mismo tiempo las consideraciones éticas y la estabilidad de la mano de obra.

Uso de la IA en el Análisis Financiero

La integración de la IA en el ámbito del análisis financiero ha revolucionado las metodologías tradicionales, provocando un cambio de paradigma en la forma en que las instituciones financieras enfocan sus operaciones. En esencia, la IA aprovecha grandes cantidades de datos, empleando algoritmos avanzados y técnicas de aprendizaje automático para extraer patrones y perspectivas que a los humanos les resultaría imposible identificar a tiempo. Esta capacidad permite a los analistas financieros tomar decisiones mejor informadas sobre inversiones, gestión de riesgos y predicciones de mercado. Al procesar datos en tiempo real, la IA puede mejorar el análisis predictivo, permitiendo a las empresas anticiparse a los cambios económicos y ajustar sus estrategias en consecuencia. Esto no sólo agiliza los flujos de trabajo operativos, sino que también aumenta la precisión de las previsiones. Como tal, la asimilación de la IA en los servicios financieros marca un avance significativo que compromete las funciones tradicionales de los analistas financieros, obligándoles a adaptarse al cambiante panorama o arriesgarse a quedar obsoletos. Los efectos dominó de la IA en el análisis financiero van más allá de la mejora de la eficiencia; reconfiguran la propia mano de obra, dando lugar a un arma de doble filo en lo que respecta a las oportunidades de empleo. Por un lado, se está disparando la demanda de profesionales cualificados que puedan diseñar, gestionar e interpretar la IA. Este cambio crea nuevas funciones centradas en la implantación tecnológica, la gestión de datos y la experiencia analítica, que hacen hincapié en la capacidad humana para interpretar los resultados generados por las herramientas de IA. Por otra parte, existe la amenaza real de desplazamiento de empleo para los analistas de nivel básico, ya que muchas tareas rutinarias tradicionalmente ejecutadas por humanos se están automatizando. A medida que las instituciones intentan aprovechar el potencial de la IA para reducir costes y aumentar la productividad, pueden reducir inadvertidamente el panorama laboral, sobre todo para los jóvenes que se incorporan a este campo. En consecuencia, el sector financiero refleja una tendencia más amplia observada en múltiples industrias, marcada por la urgente necesidad de desarrollar estrategias que salven la brecha de cualificaciones y faciliten la transición de los trabajadores desplazados. Las implicaciones para el empleo global derivadas de la utilización de la IA en el análisis financiero son profundas, y ponen de manifiesto tanto las oportunidades como los retos. A medida que las organizaciones perfeccionan sus operaciones financieras mediante la automatización y la mejora del análisis de datos, la necesidad de un desarrollo profesional continuo se hace cada vez más importante. Los trabajadores de este sector deben evolucionar buscando una educación y una formación que hagan hincapié en el pensamiento crítico y la inteligencia emocional, habilidades que siguen siendo claramente humanas y que son esenciales para interpretar los conocimientos generados por la IA. La evolución de los sectores financieros requiere la colaboración entre las instituciones educativas y las empresas para crear vías de aprendizaje que preparen a las personas para las realidades de un lugar de trabajo informado por la IA. Los responsables políticos también tienen un papel que desempeñar en el establecimiento de marcos que promuevan estrategias de transición justas y la adaptación de capacidades. Así pues, aunque la IA anuncia una nueva era en el análisis financiero que puede impulsar el crecimiento económico, al mismo tiempo subraya la urgencia de adoptar medidas proactivas para garantizar que sus beneficios no se produzcan a costa del desempleo generalizado y la desigualdad social.

Gestión de riesgos mediante IA

La llegada de la IA ha alterado sustancialmente el panorama de la gestión de riesgos, presentando tanto retos como oportunidades en diversos sectores. Mediante el despliegue de algoritmos avanzados y sólidos análisis de datos, los agentes tienen ahora la capacidad de identificar, evaluar y mitigar los riesgos potenciales con mucha más eficacia que los métodos tradicionales. Al cribar grandes cantidades de datos en tiempo real, estos sistemas inteligentes pueden descubrir patrones que los humanos podrían pasar por alto, mejorando así la precisión predictiva. Sectores como el financiero y el sanitario han empezado a adoptar estas innovaciones, utilizando la IA para prever las fluctuaciones del mercado o predecir los resultados de los pacientes. A medida que la IA sigue evolucionando, las organizaciones aprovechan cada vez más la tecnología para perfeccionar sus estrategias de gestión de riesgos, lo que da lugar a enfoques más proactivos. Este cambio no sólo minimiza la exposición a sucesos inesperados, sino que también permite una toma de decisiones más informada, fomentando en última instancia una cultura de resistencia ante la incertidumbre. La integración de la IA en los marcos de gestión de riesgos introduce un nuevo paradigma en la eficacia operativa. La gestión de riesgos tradicional solía basarse en gran medida en datos históricos e interpretaciones subjetivas, lo que podía llevar a descuidos o a calcular mal las amenazas. En cambio, la IA aprovecha las capacidades de aprendizaje automático que permiten a los sistemas aprender continuamente de los nuevos datos, adaptándose a las tendencias emergentes y a las posibles vulnerabilidades. Esta agilidad es especialmente significativa en sectores como la ciberseguridad, donde la frecuencia y sofisticación de las amenazas evolucionan constantemente. Aquí, los agentes pueden detectar de forma autónoma las anomalías y señalarlas para la intervención humana, reduciendo significativamente los tiempos de respuesta y mejorando la postura general de seguridad. A medida que las organizaciones implantan estas soluciones basadas en la IA, mitigan los riesgos asociados al error humano y a los procesos obsoletos. En consecuencia, la eficacia de las prácticas de gestión de riesgos se transforma, permitiendo a las empresas salvaguardar sus activos y mantener su viabilidad operativa en un entorno cada vez más volátil. Las implicaciones de la IA en la gestión de riesgos van más allá de la mitigación inmediata de riesgos; también configuran la dinámica de la mano de obra y las estructuras de empleo. A medida que las organizaciones automatizan y mejoran sus procesos de análisis de riesgos mediante IA, la demanda de personal cualificado cambia notablemente. Los empleos que antes se centraban en tareas rutinarias de evaluación de riesgos pueden disminuir, mientras que surgirán nuevas oportunidades para quienes dominen la gestión y la interpretación de los resultados de la IA. Este fenómeno pone de relieve la necesidad de reciclar y mejorar las cualificaciones de la mano de obra para seguir siendo relevante en una economía impulsada por la IA. A medida que las empresas se enfrenten a la dimensión ética del despliegue de la IA, se pedirá cada vez más a los empleados que garanticen la transparencia y la responsabilidad dentro de estos sistemas. Así pues, aunque los agentes revolucionan los marcos de gestión de riesgos -prometiendo eficacia y capacidad de respuesta-, también exigen un cambio significativo en las competencias de la mano de obra, lo que lleva a las organizaciones a reconsiderar sus estrategias de recursos humanos a la luz de estos avances tecnológicos.

Industria	Puestos de trabajo en peligro	Impacto de la integración de la IA	Tasa de adopción actual
Fabricación	50%	Aumenta la eficacia, reduce los accidentes	30%
Venta al por menor	40%	Mejor servicio al cliente, gestión de inventarios	25%
Sanidad	30%	Mejores diagnósticos, gestión de pacientes	20%
Finanzas	25%	Detección de fraudes, análisis de clientes	40%
Transporte	60%	Vehículos autónomos, logística optimizada	15%

Gestión del riesgo de IA en el empleo en todas las industrias

Transformaciones en los servicios bancarios

La integración de la IA en los servicios bancarios anuncia una transformación significativa del funcionamiento de las instituciones financieras, alterando fundamentalmente las interacciones con los clientes y los procesos internos. Los algoritmos de aprendizaje automático y el análisis predictivo están a la vanguardia de este cambio. Estas tecnologías permiten a los bancos analizar grandes cantidades de datos de clientes en tiempo real, lo que les permite ofrecer productos y servicios financieros personalizados y adaptados a las necesidades individuales. En particular, los chatbots impulsados por IA han revolucionado el servicio de atención al cliente, proporcionando asistencia inmediata a las consultas, automatizando las tareas rutinarias y garantizando una capacidad operativa 24/7 que supera significativamente a los sistemas tradicionales. Este cambio no sólo mejora la experiencia del cliente, sino que también permite a los empleados humanos centrarse en tareas más complejas que requieren una comprensión matizada y pensamiento crítico. En consecuencia, el panorama laboral en la banca está empezando a realinearse, impulsando funciones que hacen hincapié en la inteligencia humana junto con la automatización de las funciones básicas, creando tanto retos como oportunidades dentro de la plantilla. A medida que la IA sigue perfeccionando y redefiniendo las operaciones bancarias, la eficacia y la precisión de las transacciones financieras han experimentado notables mejoras. Gracias a algoritmos avanzados capaces de detectar actividades fraudulentas, los bancos están ahora mejor equipados para proteger los activos de sus clientes, minimizando al mismo tiempo sus propias pérdidas financieras. Las herramientas de evaluación de riesgos en tiempo real permiten a las instituciones mejorar sus procesos de evaluación crediticia, lo que conduce a una mejor toma de decisiones en materia de préstamos e inversiones. Esta evolución fomenta un entorno bancario más seguro, que a su vez refuerza la confianza de los consumidores. Sin embargo, la dependencia de las tecnologías de IA suscita preocupación por el desplazamiento de puestos de trabajo entre las funciones bancarias tradicionales, sobre todo en el caso de los cajeros y las operaciones administrativas. A medida que la automatización se haga cargo de las tareas repetitivas, los trabajadores desplazados tendrán que actualizar sus conocimientos y adaptarse a nuevas funciones centradas en la gestión de la IA, el análisis de datos y la captación de clientes, lo que pone de relieve la doble naturaleza de esta transformación: el progreso va acompañado de la necesidad de reinventar la mano de obra. Observar la interacción entre la implantación de la IA y el empleo en la banca revela una narrativa más amplia sobre la evolución del mercado laboral. La creación de empleo en los sectores impulsados por la tecnología se ve contrarrestada por la obsolescencia de ciertas funciones tradicionales, lo que provoca un cambio dinámico en las necesidades de mano de obra. Aumentan los puestos especializados en ciencia de datos, ciberseguridad e infraestructura de IA, lo que fomenta las oportunidades para personas con conocimientos técnicos. A medida que surgen estas nuevas funciones, a menudo requieren cualificaciones avanzadas que pueden no estar al alcance de todos los trabajadores afectados. La disparidad en la educación y la formación puede exacerbar las desigualdades existentes, lo que pone de relieve la necesidad acuciante de políticas específicas dirigidas al desarrollo de la mano de obra. Así pues, mientras los agentes siguen remodelando los servicios bancarios, su impacto va mucho más allá de las meras mejoras operativas, y exige esfuerzos concertados de los responsables políticos, las instituciones educativas y las empresas para garantizar una transición más equitativa a un panorama laboral en rápida evolución.

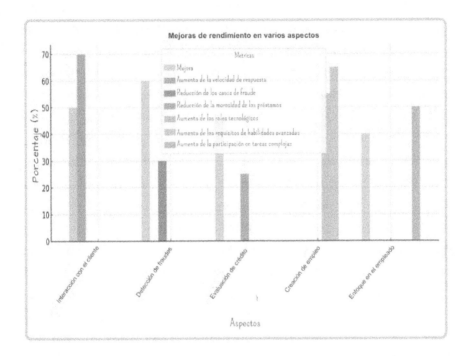

Este gráfico ilustra las mejoras de rendimiento en distintos aspectos, destacando métricas clave como los porcentajes de mejora en la interacción con el cliente, la detección del fraude, la evaluación del crédito, la creación de empleo y la atención a los empleados. Cada aspecto se representa con barras distintas para varias métricas, lo que permite comparar claramente las mejoras obtenidas en cada área.

XII. CREACIÓN DE EMPLEO MEDIANTE IA

La integración de la IA en diversas industrias está remodelando fundamentalmente el panorama laboral, presentando tanto oportunidades como retos. A medida que los agentes se vuelven más expertos en la ejecución de tareas complejas, las eficiencias derivadas conducen a menudo a la creación de funciones especializadas que atienden a las necesidades de una mano de obra cada vez más automatizada. Este fenómeno es especialmente evidente en sectores como la sanidad y las finanzas, donde la capacidad de la IA para analizar vastos conjuntos de datos puede aumentar la toma de decisiones humana. La implantación de la IA en el diagnóstico no sólo ha agilizado la identificación de las afecciones de los pacientes, sino que también ha fomentado la aparición de nuevos puestos centrados en la interpretación de los conocimientos generados por la IA y en la evaluación de las implicaciones éticas de la tecnología en los entornos médicos. Estos cambios demuestran que, si bien las funciones tradicionales pueden verse mermadas, surgen nuevas oportunidades de empleo que exigen una mano de obra capacitada tanto en tecnología como en pensamiento crítico. El impacto de la tecnología de IA va más allá del mero aumento de los puestos de trabajo existentes; crea activamente sectores totalmente nuevos que antes no existían. Industrias como la investigación de la IA, la ciberseguridad relacionada con las aplicaciones de la IA y el mantenimiento de la IA están ganando importancia a medida que las empresas reconocen la necesidad de aprovechar eficazmente estos sistemas inteligentes. Estos empleos requieren un conjunto de habilidades diferentes, lo que subraya la importancia de los programas de educación y formación adaptados para preparar a las personas para un mercado laboral en rápida evolución. Las empresas invierten cada vez más en el desarrollo de la mano de obra, reconociendo que una base de empleados bien formados es esencial para seguir siendo competitivas. La transición, sin embargo, también requiere un esfuerzo de colaboración entre las instituciones educativas, los gobiernos y las industrias para garantizar que la mano de obra esté preparada para satisfacer estas demandas emergentes, lo que es fundamental para el crecimiento y la estabilidad económicos. A medida que la IA siga evolucionando, es probable que su influencia en la creación de empleo se manifieste de forma más integrada y holística. La sinergia entre los seres humanos y los agentes puede conducir al desarrollo de modelos empresariales innovadores que aprovechen los puntos fuertes únicos de ambas partes. En logística, la IA puede optimizar las rutas y la gestión de inventarios, mientras que los trabajadores humanos pueden centrarse en la captación de clientes y la planificación estratégica. Esta interacción no sólo mejora la eficiencia operativa, sino que también aumenta la satisfacción laboral, ya que los empleados pueden dedicar más tiempo a tareas creativas e interpersonales en lugar de a funciones rutinarias. Mientras se cierne la preocupación por el desplazamiento de puestos de trabajo, es crucial reconocer que el futuro del trabajo puede requerir una reimaginación de las funciones más que una eliminación directa de los puestos de trabajo. Adoptar este cambio de paradigma puede facilitar una mano de obra más adaptable, capaz de prosperar en medio del cambiante panorama tecnológico, garantizando así que la IA sirva de catalizador para un crecimiento positivo del empleo.

Año	Puestos de trabajo creados con IA	Total empleos IA	Incremento porcentual
2020	200,000	460,000	76.9%
2021	300,000	760,000	65.2%
2022	450,000	1,210,000	59.2%
2023	600,000	1,810,000	49.6%

Creación de empleo mediante IA

Nuevas funciones en tecnología y análisis de datos

A medida que las tecnologías de IA (Inteligencia Artificial) se integran cada vez más en diversos sectores, se está produciendo un cambio notable en la dinámica laboral, sobre todo en las funciones tecnológicas y de análisis de datos. El auge de los agentes ha hecho necesaria una nueva mano de obra dotada de competencias en las que antes se hacía menos hincapié. Esto incluye un conocimiento más profundo de los algoritmos de aprendizaje automático, las técnicas de minería de datos y las herramientas de visualización de datos. Cada vez se demandan más analistas de datos y especialistas en IA para facilitar la interpretación de los vastos conjuntos de datos generados por la IA. La aparición de estas funciones no sólo ayuda a las empresas a tomar decisiones informadas a través de perspectivas procesables, sino que también contribuye a una mano de obra más experta en el aprovechamiento de la tecnología para obtener ventajas estratégicas. La proliferación de agentes amplía el alcance de los empleos tecnológicos y de análisis de datos, posicionándolos como contribuyentes vitales al éxito de las organizaciones, con lo que se reconfigura el panorama laboral y, al mismo tiempo, se aborda el déficit de cualificaciones puesto de manifiesto por los avances en la automatización. La integración de los agentes en diversas industrias ha transformado las descripciones tradicionales de los puestos de trabajo, impulsando la creación de funciones como formadores de IA y consultores éticos de IA. Como la IA requieren un aprendizaje y una adaptación continuos, está creciendo la demanda de profesionales que puedan supervisar y perfeccionar los modelos de aprendizaje automático. Estos formadores de IA trabajan para garantizar que las aplicaciones de IA funcionen de forma eficaz y ética, manejando los matices del lenguaje y el comportamiento humanos, mejorando así la experiencia del usuario. Al mismo tiempo, los consultores éticos de IA navegan por las implicaciones morales del despliegue de la IA, garantizando el cumplimiento de la normativa y abogando por la justicia y la transparencia en la IA. Esta aparición de funciones especializadas no sólo refleja la necesidad de una mano de obra técnicamente competente, sino que también pone de relieve un reconocimiento cada vez mayor de las dimensiones éticas de la tecnología. En consecuencia, la fusión de la tecnología y las consideraciones éticas en las funciones laborales pone de relieve la necesidad de un conjunto de aptitudes multidimensionales, transformando el panorama laboral para incluir tanto la pericia técnica como la ética. La revolución impulsada por los agentes está imponiendo nuevos retos y oportunidades en el mercado laboral mundial, alterando fundamentalmente el tejido del empleo. Aunque se están creando nuevos puestos de trabajo, también existe el riesgo de que se produzcan importantes trastornos en los puestos existentes, sobre todo en los sectores vulnerables a la automatización. Los empleos poco cualificados corren cada vez más el riesgo de ser desplazados, lo que podría exacerbar las desigualdades económicas. El reto estriba en equilibrar la escala de la transformación del empleo; a medida que algunos trabajos se vuelven obsoletos, crece la necesidad de iniciativas de recualificación y mejora de las cualificaciones. Las organizaciones y los gobiernos deben dar prioridad al desarrollo de programas educativos que se ajusten a las demandas de la nueva economía. Estas iniciativas deben centrarse en dotar a los trabajadores no sólo de habilidades técnicas en análisis de datos e IA, sino también en fomentar la adaptabilidad y la capacidad de innovación. Abordar la dualidad de la creación y el desplazamiento de puestos de trabajo es esencial para garantizar que la mano de obra en su conjunto pueda participar y beneficiarse de las promesas de los avances impulsados por la IA, permitiendo a las personas prosperar en medio de la evolución tecnológica.

Crecimiento de las industrias relacionadas con IA

La aparición de los agentes ha catalizado un cambio sustancial en diversas industrias, lo que ha provocado un crecimiento pronunciado de los sectores relacionados con la IA. Estos agentes, que se caracterizan por su capacidad para analizar grandes conjuntos de datos, automatizar tareas y proporcionar información, son ahora parte integral de campos como las finanzas, la sanidad, la logística y la atención al cliente. En el sector financiero, por ejemplo, los algoritmos impulsados por la IA mejoran la detección del fraude, agilizan los procesos de negociación y optimizan la gestión de la cartera, lo que se traduce en una mejora del rendimiento y una reducción de los costes operativos. Además, la atención sanitaria se beneficia de la capacidad de la IA para procesar datos de pacientes en tiempo real, lo que permite avances significativos en la precisión de los diagnósticos y los planes de tratamiento personalizados. A medida que la tecnología de IA sigue evolucionando, su aplicación en todos los sectores no sólo impulsa la eficiencia, sino que también fomenta la innovación, creando un panorama competitivo en el que las empresas que integran la IA están mejor posicionadas para triunfar. Esta evolución ilustra el poder transformador de los agentes, ya que redefinen los paradigmas operativos tradicionales y abren nuevas vías de crecimiento.

Los panoramas laborales están experimentando una transformación considerable a medida que la IA invade las funciones laborales tradicionales y crea un cambio de paradigma en la mano de obra. A medida que las empresas adoptan cada vez más agentes para tareas mundanas y repetitivas, disminuye la demanda de mano de obra humana en estas áreas, lo que suscita preocupación por el desplazamiento de puestos de trabajo.

Sin embargo, este avance tecnológico genera simultáneamente nuevas oportunidades. Las funciones emergentes en el análisis de datos, el aprendizaje automático y la gestión de sistemas de IA son cada vez más vitales, lo que conduce al fomento de una mano de obra cualificada en campos relacionados con la tecnología. Las instituciones educativas y los programas de formación se están adaptando a esta demanda, preparando a las personas para prosperar en un mercado en el que la preparación tecnológica es primordial. Sin embargo, el reto persiste: a medida que la IA se hace cargo de funciones específicas, la brecha socioeconómica puede aumentar entre los que pueden adaptarse a estos cambios y los que no. Inevitablemente, la sociedad debe enfrentarse a la naturaleza de doble filo de la transformación inducida por la IA, que remodela no sólo las industrias, sino también el propio tejido del empleo.

La trayectoria prevista de las industrias relacionadas con la IA está a punto de alterar profundamente la vida cotidiana y los modelos de empleo a escala mundial. A medida que las organizaciones sigan aprovechando los agentes para mejorar la productividad y la toma de decisiones, será inevitable una evolución sistémica de la naturaleza del trabajo. La influencia de la IA va más allá del mero aumento de la eficiencia; también abarca una reimaginación de los procesos de flujo de trabajo y las estrategias corporativas, con empresas que valoran cada vez más la agilidad y la rápida adaptación a los cambios del mercado. Es probable que el empleo mundial experimente una bifurcación, con funciones que gravitarán hacia puestos de alta cualificación que aprovechen la creatividad y el pensamiento crítico, mientras que los trabajos rutinarios de baja cualificación

143

se enfrentarán a la obsolescencia. Como colectivo, las empresas, los responsables políticos y las instituciones educativas deben formular en colaboración estrategias que no sólo aborden las implicaciones inmediatas de la IA en el empleo, sino que también fomenten una cultura de aprendizaje permanente y adaptabilidad. Este enfoque proactivo será crucial para navegar por un futuro en el que la IA esté intrincadamente entretejida en el tejido social y económico, garantizando que los beneficios de esta revolución se distribuyan equitativamente.

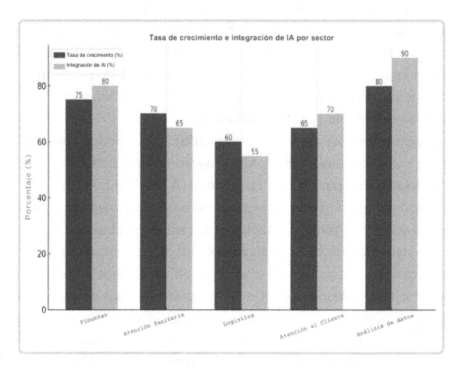

Este gráfico muestra la Tasa de Crecimiento y los porcentajes de Integración de la IA por sectores. Cada sector está representado por dos barras: una indica la tasa de crecimiento y la otra muestra la víspera de la integración de la IA. El gráfico permite comparar fácilmente las métricas de rendimiento de los distintos sectores.

Competencias necesarias para los mercados de trabajo emergentes

La integración de la IA en diversos sectores está reconfigurando el conjunto de competencias necesarias para el empleo futuro. A medida que se generalizan los agentes, aumenta significativamente la demanda de competencias técnicas como la programación, el análisis de datos y la familiaridad con los marcos de aprendizaje automático. Los profesionales versados en Python o R pueden manipular grandes conjuntos de datos y desarrollar algoritmos que mejoren la eficacia, habilidades que sirven de base para crear sofisticados sistemas de IA. Más allá de las competencias técnicas, un nuevo paradigma da prioridad a la capacidad de colaborar con la IA, elevando la importancia de la alfabetización digital. Las personas deben adaptarse al uso de herramientas de software avanzadas e interpretar los datos para tomar decisiones informadas en sus respectivos campos. Este conjunto de habilidades en evolución no se limita al sector tecnológico; sectores que van desde la sanidad a las finanzas requieren cada vez más empleados que puedan aprovechar las tecnologías de IA para mejorar la prestación de servicios y las prácticas operativas.

El cambiante panorama de los requisitos laborales también subraya la necesidad de adaptar las aptitudes interpersonales para trabajar eficazmente junto a los agentes. Habilidades como el pensamiento crítico, la creatividad y la inteligencia emocional están ganando importancia, ya que complementan las capacidades analíticas de la IA. Estas competencias permiten a los trabajadores abordar la resolución de problemas de forma innovadora y fomentan una colaboración entre humanos e IA que maximiza la productividad. Las funciones de atención al cliente exigen ahora personas capaces de dar respuestas empáticas, facilitadas por las percepciones impulsadas por la IA, que garanticen un servicio personalizado al tiempo que mantienen la eficiencia operativa. A medida que los agentes automaticen las tareas rutinarias, la capacidad de pensar estratégicamente y dirigir equipos distinguirá a los profesionales de éxito en los mercados laborales emergentes. Esta redefinición dinámica de las habilidades laborales pone de relieve la naturaleza paradójica de la tecnología: aunque puede obviar algunas funciones tradicionales, cultiva simultáneamente nuevas oportunidades para quienes están equipados con habilidades tanto técnicas como interpersonales. Prepararse para las exigencias de la mano de obra del mañana requiere un cambio de paradigma en las metodologías educativas y de formación para cultivar las aptitudes pertinentes. Las instituciones deben reorientar los planes de estudio para hacer hincapié en los conocimientos interdisciplinarios que combinan las capacidades técnicas con las habilidades interpersonales esenciales. Fomentando entornos de aprendizaje colaborativo e incorporando aplicaciones del mundo real, los sistemas educativos pueden dotar a los estudiantes de las competencias necesarias para prosperar en los lugares de trabajo mejorados por la IA. Centrarse en el aprendizaje permanente mediante iniciativas de mejora y reciclaje de las cualificaciones puede garantizar que los trabajadores actuales sigan siendo competitivos a medida que evolucionan las descripciones de los puestos de trabajo. Las asociaciones entre los líderes de la industria y las entidades educativas pueden facilitar este cambio proporcionando experiencias prácticas y conocimientos sobre las tendencias emergentes de la industria.

A medida que los trabajadores adquieran las habilidades específicas necesarias para un futuro dominado por la IA, podrán navegar por las complejidades de los nuevos mercados de trabajo, contribuyendo al mismo tiempo a la integración con éxito de los agentes en diversos sectores.

XIII. PREOCUPACIÓN POR EL DESPLAZAMIENTO LABORAL

La aparición de los agentes ha instigado una transformación significativa en diversos sectores, alterando fundamentalmente la naturaleza del trabajo y los tipos de cualificaciones requeridas en el mercado laboral. A medida que la automatización prolifera en sectores como la atención al cliente y la fabricación, la preocupación por el desplazamiento de puestos de trabajo ha aumentado tanto entre los trabajadores como entre los responsables políticos. La capacidad de la IA para realizar tareas repetitivas y predecibles a un coste inferior al de la mano de obra humana supone una amenaza directa para muchos empleos existentes, sobre todo los que son rutinarios o fácilmente codificables. Este cambio de paradigma ha provocado ansiedad por la posibilidad de que se generalice el desempleo, especialmente en los puestos poco cualificados. A medida que la tecnología de IA sigue evolucionando, es cada vez más capaz no sólo de automatizar tareas, sino también de ejecutar complejos procesos de toma de decisiones. Así pues, el temor que rodea a la pérdida de empleo no es una mera reacción a las capacidades tecnológicas actuales, sino que apunta a una tendencia más amplia hacia un futuro en el que los trabajadores pueden encontrarse cada vez más irrelevantes en un mercado laboral dominado por los sistemas inteligentes.

Junto a la preocupación por la obstrucción del empleo, el discurso en torno a la IA y el empleo también aborda las posibles desigualdades que estos avances tecnológicos podrían exacerbar. La revolución de los agentes puede afectar de forma desproporcionada a determinados grupos demográficos, en particular a los que tienen un nivel educativo más bajo, que pueden tener dificultades para pasar a desempeñar funciones que requieran aptitudes más avanzadas. A medida que disminuyen los trabajos manuales tradicionales, las personas de estas comunidades pueden enfrentarse a mayores barreras de entrada en los nuevos entornos laborales que dan prioridad a la alfabetización y la adaptación tecnológicas. Este cambio estructural amenaza no sólo la estabilidad laboral individual, sino también el tejido socioeconómico de las comunidades que dependen de estos empleos para su supervivencia económica. Las disparidades existentes en el acceso a la educación y la formación complican aún más esta transición, ya que la brecha entre ricos y pobres puede ampliarse en respuesta a la desigualdad de oportunidades para la adquisición de capacidades y el reciclaje profesional. Abordar estas desigualdades es fundamental para garantizar que la implantación de la tecnología de IA no provoque una exacerbación de las recaídas sociales existentes.

Abordar los problemas de desplazamiento de puestos de trabajo que se avecinan requiere medidas proactivas de las partes interesadas a todos los niveles, incluidos los gobiernos, las empresas y las instituciones educativas. Los responsables políticos deben dar prioridad al desarrollo de estrategias de adaptación de la mano de obra que se centren en iniciativas de reciclaje y mejora de las cualificaciones, garantizando que la mano de obra actual pueda hacer la transición a funciones que la IA no puede replicar fácilmente, como las que requieren inteligencia emocional, creatividad o habilidades para resolver problemas complejos. Las empresas también tienen la responsabilidad de adoptar

149

la IA de forma responsable, teniendo en cuenta las implicaciones sociales de sus acciones e invirtiendo en capital humano junto con los avances tecnológicos. Las instituciones educativas también deben replantearse sus planes de estudios para dotar a los estudiantes de habilidades adecuadas para un lugar de trabajo potenciado por la IA, haciendo hincapié en el pensamiento crítico, la alfabetización digital y el aprendizaje interdisciplinar. Colectivamente, estos esfuerzos pueden ayudar a mitigar los riesgos del desplazamiento de puestos de trabajo, fomentando al mismo tiempo una mano de obra resistente capaz de prosperar en un mundo cada vez más automatizado. Adoptando un enfoque global, la sociedad puede sortear mejor las complejidades introducidas por los agentes y aprovechar su potencial transformador para un beneficio generalizado.

Sectores más afectados por la IA

Los avances en IA están reconfigurando los sectores, aportando tanto beneficios transformadores como importantes trastornos. El sector de la atención al cliente ilustra especialmente bien esta dinámica. A medida que las empresas implementan cada vez más chatbots y asistentes virtuales basados en IA, las funciones tradicionales de atención al cliente están evolucionando significativamente. Estos agentes digitales son capaces de gestionar un gran volumen de consultas simultáneamente, ofreciendo asistencia 24 horas al día, 7 días a la semana, con una intervención humana mínima. Aunque esto mejora la experiencia del cliente al ofrecer un servicio más rápido y accesible, suscita preocupación por el desplazamiento de puestos de trabajo. Las funciones que antes requerían empatía y toma de decisiones humanas ahora corren el riesgo de ser automatizadas. El cambio hacia la IA en el servicio al cliente pone de manifiesto una tendencia más amplia en la que el aumento de la eficiencia va acompañado de una posible pérdida de empleo, lo que suscita debates sobre cómo equilibrar la productividad y la estabilidad de la mano de obra en medio de los rápidos avances tecnológicos. El sector logístico se encuentra al borde de una transformación significativa, impulsada en gran medida por la tecnología de IA. El aumento de la automatización mediante algoritmos inteligentes y análisis predictivos ha optimizado las operaciones de la cadena de suministro, agilizando la gestión del inventario y mejorando los sistemas de entrega. Los almacenes aprovechan cada vez más la IA para tareas que antes realizaban los humanos, como la clasificación y el embalaje, reduciendo así drásticamente los costes operativos y el tiempo. Estas innovaciones mejoran significativamente la eficiencia, pero también

151

amenazan los empleos tradicionales, señalando un cambio potencial en el panorama de la mano de obra. La demanda de trabajadores cualificados que puedan mantener e interactuar con estos sofisticados sistemas va en aumento, pero la consecuencia inmediata puede ser la pérdida de puestos de trabajo menos cualificados. El sector logístico sirve de microcosmos de una tendencia más amplia en la que el crecimiento y la innovación pueden dar lugar tanto a oportunidades como a desplazamientos, obligando a reevaluar el desarrollo de la mano de obra y la educación para preparar a los trabajadores para un entorno laboral cambiante. La sanidad está experimentando quizás el impacto más profundo de las tecnologías de IA, alterando radicalmente la atención al paciente y los procesos administrativos. Mediante el aprendizaje automático y el análisis de datos, la IA pueden diagnosticar afecciones médicas con una precisión cada vez mayor y predecir los resultados de los pacientes, mejorando la toma de decisiones de los profesionales sanitarios. La automatización robótica de procesos en tareas administrativas reduce la carga del personal, permitiéndole centrarse en la atención directa al paciente. Aunque estos avances conducen a una prestación sanitaria más eficaz, también plantean problemas éticos y el espectro de la discriminación laboral. Las funciones desempeñadas tradicionalmente por profesionales humanos se quedan obsoletas a medida que la IA asumen tareas que van desde el diagnóstico a la programación. A medida que la asistencia sanitaria evolucione con estas herramientas, será crucial abordar las implicaciones para las funciones y la formación del personal, a fin de garantizar que el progreso tecnológico beneficie al personal médico en lugar de desplazarlo. El reto consiste en navegar por el delicado equilibrio entre adoptar la innovación y salvaguardar el empleo humano en este sector vital.

Sector	Pérdida de empleo prevista	Crecimiento previsto del empleo	Año
Fabricación	20%	5%	2025
Transporte y Logística	25%	3%	2025
Venta al por menor	30%	4%	2025
Sanidad	15%	10%	2025
Finanzas	10%	6%	2025
Tecnologías de la Información	5%	15%	2025

Sectores más afectados por la IA

Estadísticas sobre la pérdida de puestos de trabajo

El auge de los agentes ha suscitado una preocupación crítica por el desplazamiento de puestos de trabajo en diversos sectores. Estadísticas recientes indican que millones de puestos de trabajo están en peligro debido a la aceleración de la automatización y la integración de la IA. Los análisis realizados por expertos del sector revelan que las ocupaciones caracterizadas por tareas repetitivas, como las de atención al cliente, introducción de datos y fabricación, son las que se enfrentan a la mayor amenaza de obsolescencia. Un informe de un destacado grupo de reflexión económica estima que hasta el 40% de los puestos de trabajo de determinados sectores podrían automatizarse en la próxima década. Esta asombrosa cifra presenta un duro telón de fondo en el que los responsables políticos, las empresas y los trabajadores deben navegar por un panorama laboral en evolución. La inevitabilidad de la pérdida de puestos de trabajo plantea cuestiones acuciantes sobre el reciclaje de la mano de obra y la necesidad de estrategias de adaptación para garantizar que los trabajadores puedan hacer la transición a funciones que aprovechen las capacidades exclusivamente humanas, como la creatividad, la resolución de problemas complejos y la inteligencia emocional.

Las implicaciones de estas pérdidas de puestos de trabajo son profundas, e influyen no sólo en los medios de vida individuales, sino también en las estructuras económicas más amplias. Sectores como la sanidad y las finanzas, aunque experimentan algunos desplazamientos, están creando al mismo tiempo nuevos puestos que exigen habilidades especializadas para gestionar e interpretar los conocimientos generados por la IA. La transición dista mucho de ser fluida. Las investigaciones indican que los trabajadores con bajos ingresos, que pueden tener un acceso limitado a las oportunidades de reciclaje, se ven afectados de forma desproporcionada y pueden tener dificultades para encontrar un nuevo empleo en un mercado laboral transformado. En consecuencia, esta dinámica podría exacerbar las desigualdades económicas existentes, por lo que es esencial que las partes interesadas desarrollen políticas específicas que promuevan un acceso equitativo a los programas de reformación. En consecuencia, la lente a través de la cual analizamos las pérdidas de empleo debe ir más allá de las meras estadísticas para abarcar las ramificaciones sociales de este cambio tecnológico, haciendo hincapié en la necesidad de medidas proactivas que aborden estas disparidades. Comprender las estadísticas que rodean a las pérdidas de empleo debidas a los agentes sirve de base fundamental para prever un futuro que equilibre la innovación con la sostenibilidad de la mano de obra. A medida que las tecnologías de automatización evolucionan y se hacen cada vez más complejas, el desplazamiento de puestos de trabajo también puede conducir a una polarización del mercado laboral, bifurcando las funciones en puestos altamente cualificados y bien pagados y puestos poco cualificados y mal pagados. Este cambio amenaza con erosionar la clase media, tradicionalmente caracterizada por el empleo estable y la movilidad ascendente. Dadas estas tendencias, es primordial fomentar una mano de obra adaptable capaz de prosperar en una economía impulsada por la IA. Es crucial implicar a las instituciones educativas, las partes interesadas de la industria y los organismos gubernamentales en esfuerzos de colaboración para renovar los sistemas de formación profesional y educación. Así pues, a medida que las implicaciones de la IA revolucionan el panorama laboral

155

en todo el mundo, la intersección de la tecnología y la pérdida de puestos de trabajo presenta tanto retos como oportunidades que exigen respuestas meditadas y concertadas.

Año	Pérdidas de empleo estimadas	Industria	Fuente
2020	300,000	Fabricación	McKinsey y Compañía
2021	100,000	Venta al por menor	Gartner
2022	500,000	Transporte	Foro Económico Mundial
2023	200,000	Finanzas	PwC
2024 (proyectado)	150,000	Sanidad	Investigación Forrester

Estadísticas sobre la pérdida de puestos de trabajo debida a la implantación de la IA

Impacto psicológico del desplazamiento laboral

El desplazamiento laboral, especialmente en el contexto del avance de las tecnologías de IA, puede tener profundas repercusiones psicológicas en las personas. Ante la pérdida repentina del empleo, muchos experimentan una cascada de respuestas emocionales que pueden incluir ansiedad, depresión y disminución de la autoestima. La transición brusca de un entorno laboral estable al desempleo puede desencadenar una crisis de identidad, ya que muchos derivan de sus empleos un sentido de finalidad y pertenencia social. Esta pérdida puede provocar sentimientos de indignación e impotencia, sobre todo en quienes perciben su trabajo como una parte central de su identidad y estatus social. En consecuencia, el impacto psicológico se extiende más allá de la salud mental individual, afectando a las relaciones interpersonales y al compromiso con la comunidad. La erosión del estatus social suele traducirse en una mayor sensación de aislamiento, lo que complica los esfuerzos por superar la confusión emocional asociada a la pérdida del empleo. Más allá de las experiencias individuales, no pueden pasarse por alto las implicaciones sociales más amplias del desplazamiento masivo de puestos de trabajo debido a la integración de la IA. Las comunidades que dependen de las industrias tradicionales pueden experimentar un marcado aumento de la disparidad económica, agravando aún más los sentimientos de privación de derechos entre los trabajadores desplazados. A medida que disminuyen las oportunidades de empleo, el tejido social de estas comunidades suele deshilacharse, lo que provoca un aumento de la drogadicción, problemas domésticos y otros problemas socioeconómicos. El coste psicológico de este cambio económico genera un bucle de retroalimentación, en el que los problemas de salud mental impiden a las personas buscar nuevas oportunidades de empleo o seguir una formación profesional, lo que agrava su situación. Estas ramificaciones sistémicas subrayan la urgente necesidad de marcos de apoyo que aborden no sólo los efectos psicológicos inmediatos en los trabajadores desplazados, sino también las consecuencias socioeconómicas a largo plazo para comunidades enteras, que pueden caer presas de ciclos de pobreza y desesperación.

La intervención política es esencial para mitigar los efectos psicológicos adversos asociados al desplazamiento laboral. Las medidas proactivas, como los programas de apoyo a la salud mental y las iniciativas de rehabilitación profesional, desempeñan un papel fundamental a la hora de proporcionar a los trabajadores desplazados los recursos necesarios para superar su fase de transición. El acceso a los servicios de salud mental puede facilitar el desarrollo de estrategias de afrontamiento, fomentando la resiliencia ante el cambio. Los programas específicos de reciclaje pueden ayudar a los trabajadores de los sectores afectados a adaptarse a la evolución de los mercados laborales, infundiéndoles un sentimiento de autonomía y agencia. Al facilitar la mejora de las capacidades y garantizar el apoyo psicológico, las políticas pueden ayudar a contrarrestar la narrativa de impotencia que suele acompañar a la pérdida del empleo. El desarrollo de mecanismos saludables de afrontamiento, combinado con vías accesibles a nuevas oportunidades de empleo, es esencial para las personas que se enfrentan a los retos psicológicos que plantea esta revolución en la dinámica mundial del empleo.

XIV. DESIGUALDAD ECONÓMICA

La integración de agentes en diversos sectores reconfigura el panorama laboral, engendrando tanto oportunidades como retos. A medida que las organizaciones despliegan cada vez más tecnologías avanzadas de aprendizaje automático y automatización, redefinen de hecho las funciones laborales al tiempo que racionalizan las operaciones. Este proceso puede conducir a una mayor eficiencia y productividad, pero conlleva el riesgo de exacerbar la desigualdad económica, sobre todo para los trabajadores menos cualificados. Los que tienen un acceso limitado a la educación y la formación pueden encontrarse en desventaja, rezagados a medida que las economías pivotan hacia un modo de funcionamiento más centrado en la tecnología. En consecuencia, aunque los agentes puedan crear nuevas oportunidades de empleo especializado, la disparidad entre quienes están preparados para prosperar en un entorno digital y quienes no lo están sigue aumentando. Esta interacción entre el avance tecnológico y la disparidad económica plantea cuestiones sobre la sostenibilidad y la inclusividad en el mercado laboral en evolución. Las ramificaciones de la implantación de la IA en la mano de obra van más allá del mero desplazamiento de puestos de trabajo; afectan sustancialmente a la dinámica salarial. La introducción de agentes suele dar lugar a una mayor concentración de riqueza en manos de individuos y empresas competentes en estas tecnologías. A medida que aumenta la productividad, los beneficios acumulados fluyen predominantemente hacia las partes interesadas que ya poseen capital y conocimientos tecnológicos, lo que afianza aún más las jerarquías sociales existentes. Este fenómeno no sólo obstaculiza el crecimiento salarial de los trabajadores con rentas más bajas, sino que también contribuye a la disminución de la clase media, dando lugar a una sociedad que lucha contra una estratificación económica sin precedentes. A medida que la automatización y las tecnologías de IA se convierten en algo habitual, aumenta el potencial de estancamiento de los ingresos para las masas, catalizando un ciclo de pobreza y exclusión. Abordar estas cuestiones en el contexto de la desigualdad económica requiere una intervención urgente de las políticas públicas dirigida a crear un acceso equitativo a la tecnología y a la formación de la mano de obra. De cara al futuro, el futuro de los agentes presenta una oportunidad de cambio transformador, pero también subraya la necesidad urgente de estrategias deliberadas orientadas a la equidad. Para garantizar que los beneficios del desarrollo de la IA se compartan ampliamente en toda la sociedad, las partes interesadas, incluidos los gobiernos, las empresas y las instituciones educativas, deben colaborar para diseñar marcos que faciliten el acceso al aprendizaje permanente y a programas de formación práctica. Reforzar las redes de seguridad social y aplicar una fiscalidad progresiva podría redistribuir la riqueza generada por los avances de la IA, fomentando un panorama económico más equitativo. Adoptar enfoques interdisciplinarios que combinen la innovación tecnológica con la equidad social puede ayudar a recalibrar la relación entre el trabajo y la tecnología de forma que se dé prioridad al bienestar humano. A medida que la sociedad se enfrenta a la creciente prevalencia de la IA, el compromiso de reducir la brecha económica será fundamental para dar forma a un futuro en el que la evolución tecnológica no se produzca a costa de una amplia prosperidad social.

Disparidades en las oportunidades de empleo

La introducción de agentes en diversos sectores ha desencadenado una profunda transformación del panorama laboral, creando tanto oportunidades como retos. Un aspecto notable de esta revolución es la desigual distribución de las oportunidades laborales que surgen, especialmente influida por factores geográficos, socioeconómicos y educativos. A medida que la automatización se convierte en la norma en sectores que van desde la fabricación al servicio al cliente, se intensifica la demanda de trabajadores que posean conocimientos tecnológicos avanzados. Por el contrario, las personas que ocupan puestos menos cualificados se enfrentan a un mayor riesgo de desplazamiento, lo que a menudo agrava las desigualdades existentes. Algunas regiones, especialmente las zonas urbanas con concentración de empresas tecnológicas, están experimentando un aumento de la creación de empleo en campos relacionados con la IA. Por el contrario, las zonas rurales pueden tener dificultades para adaptarse, lo que provoca una brecha cada vez mayor entre los que pueden acceder a estas nuevas funciones y los que no. Esta disparidad pone de relieve la urgente necesidad de iniciativas educativas y programas de formación específicos que puedan dotar a personas de diversos orígenes de las habilidades necesarias para prosperar en una economía impulsada por la tecnología. Explorar las ramificaciones de los agentes en las oportunidades laborales exige comprender cómo alteran los papeles tradicionales en todos los sectores. Los puestos que antes requerían la intervención humana se están automatizando cada vez más, lo que puede dar lugar a importantes pérdidas de puestos de trabajo en determinados sectores, al tiempo que ge-

161

nera demanda de experiencia en gestión y supervisión tecnológicas. Tomemos el sector de la logística, por ejemplo, donde los sistemas impulsados por la IA agilizan la gestión de la cadena de suministro y optimizan las rutas de reparto. Aunque estos avances mejoran la eficiencia, también suscitan preocupación por el futuro de las funciones de mano de obra dentro de los almacenes y las redes de transporte. Los sectores como la sanidad pueden experimentar tensiones similares, ya que los agentes ayudan en el diagnóstico y la gestión de los pacientes, lo que puede conducir a una reducción del personal administrativo al tiempo que crea la necesidad de profesionales expertos en tecnología de IA. El doble impacto de la creación y el desplazamiento de puestos de trabajo desafía a los trabajadores y a los responsables políticos a replantearse las estrategias existentes de desarrollo de la mano de obra, garantizando que las personas puedan navegar por el cambiante panorama laboral. Las implicaciones de las disparidades en las oportunidades de empleo van más allá de las preocupaciones laborales inmediatas, e influyen en dinámicas económicas y sociales más amplias. A medida que la IA sigue remodelando las industrias, es probable que prosperen quienes tengan acceso a la educación, los recursos y las redes que facilitan la entrada en campos de gran demanda, mientras que las poblaciones marginadas corren el riesgo de quedarse atrás. Estas divisiones pueden conducir a una mayor estratificación económica, amenazando la cohesión social dentro de las comunidades. Los gobiernos y las organizaciones se enfrentan a la tarea crítica de abordar estas disparidades mediante la aplicación de políticas equitativas centradas en el acceso a la educación, la formación laboral y la alfabetización digital. Garantizar que todas las personas puedan beneficiarse del mercado laboral en evolución requiere esfuerzos de colaboración entre los sectores público y privado, con el objetivo de crear marcos inclusivos que empoderen a los grupos desfavorecidos. A medida que avance la evolución de los agentes, la atención a estas disparidades determinará la trayectoria futura de la dinámica de la mano de obra y el potencial de una sociedad más equitativa.

Impacto sobre los trabajadores poco cualificados

La integración de los agentes en diversos sectores tiene implicaciones significativas, sobre todo para los trabajadores poco cualificados. Dado que estas tecnologías están diseñadas para mejorar la eficiencia y reducir los costes laborales, los puestos de trabajo con salarios bajos en sectores como la fabricación, el comercio minorista y el servicio de atención al cliente están cada vez más en peligro. La automatización, impulsada por algoritmos inteligentes, permite a las empresas operar con menos empleados humanos, con lo que las funciones tradicionales quedan obsoletas. La perspectiva de que las máquinas realicen tareas rutinarias -como la gestión de inventarios, la gestión de llamadas e incluso el trabajo en la cadena de montaje- plantea profundos retos para las personas que poseen una formación o unas habilidades limitadas. Aunque la escalada de la adopción de la IA plantea riesgos sustanciales para la seguridad laboral, también introduce una compleja interacción de oportunidades y obstáculos para la mano de obra. Para los trabajadores poco cualificados desplazados por la automatización, la transición a nuevas funciones suele requerir la mejora o la reconversión de las cualificaciones, lo que puede constituir un reto desalentador. Muchos trabajadores carecen de acceso a recursos para progresar en la educación, lo que ahonda las desigualdades existentes. La transición puede no corresponderse directamente con la creación de nuevos puestos de trabajo en volúmenes comparables, lo que conduce a una pérdida neta de oportunidades de empleo para las personas poco cualificadas. La creciente brecha tecnológica amenaza con afianzar las actuales disparidades económicas si no se ponen en marcha medidas que faciliten esta transición.

Las ramificaciones de los agentes en el empleo van más allá del desplazamiento inmediato de puestos de trabajo; provocan consideraciones sociales más amplias sobre el futuro del trabajo. A medida que el mercado mundial se adapta a estos cambios, los responsables políticos se enfrentan a una coyuntura crítica a la hora de abordar las necesidades de los trabajadores poco cualificados. Estrategias como los programas de desarrollo de la mano de obra, las redes de seguridad social y las iniciativas de educación inclusiva son componentes esenciales de una respuesta global. Es imperativo considerar cómo se puede apoyar a los trabajadores desplazados para que adquieran las habilidades necesarias para los puestos de trabajo emergentes. Sin una intervención proactiva, el incesante avance de las tecnologías de IA podría exacerbar los niveles de desempleo y desigualdad, fomentando el malestar social y la inestabilidad económica. Así pues, comprender el impacto total de la IA en los trabajadores poco cualificados es fundamental para configurar una mano de obra más equitativa en una era de rápida agitación tecnológica.

Año	Estimación de despidos	Sector	Impacto
2020	2,000,000	Fabricación	30%
2021	3,000,000	Venta al por menor	27%
2022	1,500,000	Transporte	25%
2023	1,750,000	Atención al cliente	40%
2024	2,500,000	Hostelería	35%

Impacto de la IA en los trabajadores poco cualificados

Consecuencias económicas a largo plazo

El auge de los agentes supone un cambio de paradigma que remodelará fundamentalmente el panorama laboral a largo plazo. A medida que las organizaciones integran cada vez más a estos agentes en diversos sectores, los modelos de empleo tradicionales se ven desafiados y, en algunos casos, transformados significativamente. Muchas funciones que antes requerían la intervención humana se están automatizando, lo que puede provocar un declive en determinados sectores laborales, sobre todo en puestos repetitivos y poco cualificados. Este cambio no sólo suscita preocupación por el desplazamiento inmediato de puestos de trabajo, sino que también presagia cambios económicos más profundos a medida que las industrias se adaptan. La anterior dependencia de las tareas humanas puede dar paso a una mayor productividad y eficiencia, pero esta transición también requerirá rigurosos programas de reciclaje de la mano de obra. Las consecuencias económicas de esta evolución subrayan la necesidad de un doble enfoque: fomentar la innovación a través de la IA y, al mismo tiempo, abordar el inevitable desplazamiento de trabajadores para garantizar tanto el crecimiento económico como la estabilidad social.

En el contexto de la integración de la IA, la desigualdad que acompaña a los avances tecnológicos merece una cuidadosa consideración. A medida que los agentes racionalizan las operaciones y reducen los costes, las disparidades en el crecimiento salarial y la seguridad laboral pueden aumentar entre los trabajadores poco cualificados y los equipados con habilidades relevantes para las tecnologías emergentes. El mercado laboral puede polarizarse, con sectores de alta demanda que claman

166

por profesionales expertos en tecnología, mientras que las funciones tradicionales se reducen. Esto crea una necesidad acuciante de iniciativas educativas específicas que no sólo doten a la mano de obra de las aptitudes pertinentes, sino que también promuevan un acceso equitativo a los programas de formación. La inversión en educación y desarrollo de capacidades es fundamental para mitigar las consecuencias económicas a largo plazo de la proliferación de la IA. A medida que las sociedades se enfrentan a estos cambios, los responsables políticos deben garantizar que los beneficios económicos derivados de las innovaciones tecnológicas se compartan ampliamente, evitando así los escollos de la desigualdad sistémica y fomentando un crecimiento integrador. El futuro panorama económico, configurado por los agentes, exige un enfoque proactivo de la gobernanza y la regulación laboral. Los responsables políticos se enfrentan al reto de crear marcos que anticipen la naturaleza dinámica de las aplicaciones de la IA en el lugar de trabajo, protegiendo al mismo tiempo los derechos de los trabajadores y fomentando una economía resistente. Esto implica debatir políticas que puedan incentivar a las empresas a conservar su mano de obra humana en medio de la creciente automatización, como exenciones fiscales para las empresas que inviertan en el reciclaje y desarrollo de sus empleados. El establecimiento de una renta básica universal (RBU) o de redes de seguridad similares puede aliviar la preocupación por el desplazamiento de puestos de trabajo y proporcionar un amortiguador a quienes pasan de una función a otra. La relación en evolución entre la tecnología de IA y el empleo requiere una estrategia global para aprovechar el crecimiento y minimizar al mismo tiempo los efectos adversos sobre las poblaciones vulnerables. Al abordar estas realidades económicas, la sociedad puede navegar eficazmente por las implicaciones a largo plazo de la revolución de la IA, garantizando una transición equilibrada y justa hacia un futuro en el que los agentes sean omnipresentes.

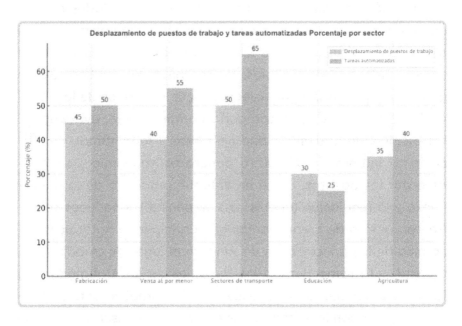

El gráfico compara el porcentaje de desplazamiento de puestos de trabajo y de tareas automatizadas en los distintos sectores. Los valores de cada sector están representados por barras agrupadas, con barras azules que indican los porcentajes de desplazamiento de empleo y barras naranjas que representan los porcentajes de tareas automatizadas. El gráfico ofrece una visión clara de cómo afecta a cada sector la automatización y el desplazamiento de puestos de trabajo.

XV. EL FUTURO DEL TRABAJO CON IA

Los avances tecnológicos han transformado radicalmente el panorama de diversos sectores, permitiendo a las organizaciones maximizar la eficiencia y mejorar la productividad. Un elemento central de este cambio es el auge de los agentes, que integran sofisticados algoritmos con capacidades de procesamiento de datos en tiempo real. Estos agentes funcionan según los principios del aprendizaje automático, lo que les permite adaptarse y mejorar a través de sus interacciones, lo que mejora su prestación de servicios a lo largo del tiempo. Su capacidad para analizar grandes cantidades de datos ofrece a las empresas perspectivas de rendimiento antes inalcanzables, alterando drásticamente las prácticas de atención al cliente, logística y fabricación. En el servicio de atención al cliente, por ejemplo, los chatbots de IA no sólo gestionan las consultas 24 horas al día, 7 días a la semana, sino que también aprenden de cada interacción, mejorando eficazmente las respuestas a consultas complejas. Las implicaciones de estas capacidades van más allá de la mera eficiencia, anunciando una era en la que las empresas pueden innovar sus paradigmas operativos, iniciando una profunda transformación en todo el panorama laboral.

A medida que las organizaciones adoptan cada vez más agentes, las repercusiones resuenan en todo el mercado laboral, creando tanto oportunidades como retos. Por un lado, la inversión en tecnologías de IA abre las puertas a nuevas funciones centradas en el análisis de datos, el mantenimiento de la IA y la gestión ética, ya que las empresas necesitan personal cualificado para navegar y supervisar estos sistemas avanzados. Están floreciendo los perfiles laborales que se centran en interpretar los conocimientos generados por la IA, desarrollar modelos de aprendizaje automático o garantizar el despliegue ético de las tecnologías de IA. A la inversa, este importante salto tecnológico suscita temores de desplazamiento laboral, sobre todo en puestos caracterizados por tareas repetitivas y manuales . Industrias como la fabricación y la logística se enfrentan a grandes retos, ya que las tareas que antes realizaban trabajadores humanos pueden automatizarse, reduciendo así la demanda de funciones tradicionales. Esta dualidad subraya la acuciante necesidad de que los trabajadores se adapten, se reciclen y adopten el aprendizaje permanente para mantener su viabilidad en un mercado laboral en evolución.

Al contemplar la trayectoria del trabajo en una era configurada por agentes, una perspectiva polifacética revela la necesidad de un marco sólido que aborde las realidades económicas emergentes. Los responsables políticos deben colaborar con los tecnólogos para forjar directrices que refuercen la resistencia de la mano de obra, haciendo hincapié en las iniciativas de educación y formación diseñadas para dotar a las personas de capacidades relevantes para las demandas de los empleos futuros. Del mismo modo, las empresas tienen un papel fundamental en el fomento de un entorno inclusivo en el que la adopción tecnológica estimule, en lugar de ahogar, el potencial humano. El cambio hacia entornos impulsados por la IA puede amplificar problemas como la desigualdad si no se aplican medidas proactivas, lo que insta a una responsabilidad colectiva para salvaguardar contra la exacerbación de las disparidades. De cara al futuro, la asociación entre seres humanos y agentes definirá probablemente el futuro del trabajo; por tanto, el diálogo sostenido entre las partes interesadas será esencial para navegar por esta revolución con eficacia, garantizando que culmine en avances equitativos dentro del panorama laboral mundial.

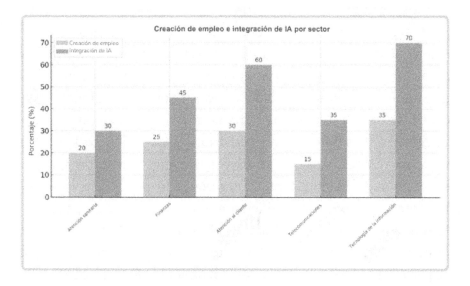

El gráfico ilustra el porcentaje de creación de empleo y de integración de la IA en los distintos sectores. Cada sector está representado por dos barras, una que muestra el porcentaje de creación de empleo y otra que indica el porcentaje de integración de la IA. Cabe destacar que el sector de las Tecnologías de la Información está a la cabeza en ambas categorías, mientras que el de las Telecomunicaciones muestra el porcentaje más bajo de creación de empleo. Esta comparación visual pone de manifiesto la relación entre el crecimiento del empleo y la adopción de la IA en distintos sectores.

Predicciones para los mercados de trabajo

A medida que se acelera la integración de los agentes en diversos sectores, el mercado laboral está asistiendo a una profunda transformación caracterizada tanto por las oportunidades como por las perturbaciones. Una de las predicciones más sorprendentes es la posibilidad de que la IA elimine numerosas funciones tradicionales, debido sobre todo a la automatización y a las técnicas avanzadas de procesamiento de datos. Los empleos que implican tareas manuales rutinarias son especialmente susceptibles de ser sustituidos a medida que la IA mejoren sus capacidades. Las funciones en la fabricación y las cadenas de montaje pueden sufrir un declive sustancial a medida que los robots y la maquinaria impulsada por la IA puedan realizar estas tareas de forma más eficiente y sin necesidad de pausas o turnos. En consecuencia, este cambio tiene implicaciones para la estabilidad laboral y el sustento de los trabajadores, lo que suscita preocupación por el desplazamiento de puestos de trabajo y la desigualdad económica. Esta evolución exige un examen contemplativo de cómo puede prepararse la sociedad para cambios significativos en las estructuras de empleo, fomentando la resiliencia ante el avance tecnológico. Más allá del desplazamiento de los empleos tradicionales, la aparición de los agentes también se manifiesta en nuevas oportunidades, sobre todo en los campos orientados a la tecnología. Se espera que aumente sustancialmente la demanda de profesionales cualificados en la gestión y el desarrollo de sistemas de IA, a medida que las empresas intenten aprovechar estas tecnologías para obtener ventajas competitivas. Se prevé que campos como la ciencia de datos, la ingeniería de aprendizaje automático y la ciberseguridad crezcan significativamente, creando un panorama en el que la adaptabilidad y el aprendizaje continuo se convierten en esenciales. La llegada de las herramientas de IA puede potenciar las capacidades humanas, dando lugar a la creación de puestos de trabajo híbridos que combinan la competencia tecnológica con las habilidades tradicionales. En este contexto, las instituciones de educación superior y de formación profesional deben evolucionar para hacer hincapié en la adquisición de habilidades relevantes, equipando así a la futura mano de obra con las herramientas necesarias para prosperar en un entorno aumentado por la IA. Estas medidas proactivas podrían mitigar algunos de los efectos adversos de la IA, garantizando al mismo tiempo que los trabajadores puedan participar de forma significativa en un mercado laboral en evolución.

A largo plazo, será necesario un enfoque holístico que incluya la política pública, la responsabilidad empresarial y la iniciativa individual para navegar por el panorama laboral en evolución configurado por la IA. Puede que los gobiernos tengan que considerar la aplicación de políticas que apoyen la transición de la mano de obra, incluidos programas de reciclaje y redes de seguridad social para ayudar a los afectados por los cambios tecnológicos. Las empresas también desempeñan un papel fundamental; deben invertir en sus empleados mediante iniciativas de formación y reciclaje, al tiempo que adoptan prácticas éticas en relación con la automatización del trabajo. Las personas deben adoptar el aprendizaje permanente como un aspecto fundamental de sus carreras, adaptándose al rápido ritmo de cambio característico de la revolución de la IA. Cultivar una cultura de adaptabilidad será crucial a medida que las industrias sigan evolucionando a la par que las tecnologías de IA. Este esfuerzo

173

colectivo ofrece la posibilidad no sólo de abordar los retos que plantea la IA, sino también de aprovechar sus beneficios para un futuro más equitativo y sostenible en el mercado laboral mundial.

Año	Puestos de trabajo perdidos	Puestos de trabajo creados	Impacto neto	Fuente
2025	12	8	-4	Foro Económico Mundial
2030	21	15	-6	Instituto Global McKinsey
2035	24	18	-6	Investigación Gartner
2040	27	25	-2	PwC
2045	30	40	10	Foro Económico Mundial

Predicciones sobre los mercados de trabajo afectados por los agentes

Evolución de los entornos de trabajo

La evolución de los entornos laborales ha estado marcada por profundos cambios que han reconfigurado continuamente la naturaleza de los marcos laborales y de empleo. Desde los inicios de la era industrial, caracterizada por el trabajo manual y la mecanización rudimentaria, hasta la llegada de la automatización y ahora de la IA, cada transición ha traído consigo cambios significativos no sólo en el espacio de trabajo físico, sino también en los paradigmas empresariales subyacentes. A medida que las empresas integraban la maquinaria en sus operaciones, crecía la importancia de las habilidades especializadas, allanando el camino para un cambio hacia una mano de obra más formada. Actualmente, la integración de los agentes representa una coyuntura crítica en esta evolución, en la que la atención no sólo se centra en la mejora de la eficacia operativa, sino también en la redefinición de las funciones dentro de las organizaciones. Las implicaciones de estos cambios se extienden más allá de los lugares de trabajo individuales; desafían la comprensión social más amplia del empleo, el desarrollo de habilidades y la seguridad laboral.

La introducción de agentes ha perturbado especialmente las estructuras de trabajo tradicionales, ya que son capaces de realizar tareas complejas que antes estaban reservadas a los empleados humanos. Esta capacidad conlleva tanto oportunidades como retos. Las organizaciones confían cada vez más en la IA para el análisis de datos, las interacciones con los clientes e incluso los procesos creativos, mejorando así la productividad y la eficiencia. A medida que se automatizan las tareas rutinarias, los trabajadores deben adaptarse a un nuevo modelo híbrido de empleo en el que colaboran con la IA. En consecuencia, los conjuntos de aptitudes que se exigen en la mano de obra están evolucionando rápidamente, primando la competencia tecnológica, la capacidad para resolver problemas y la inteligencia emocional. Aunque esta transformación fomenta la innovación y crea nuevas categorías laborales en los sectores impulsados por la tecnología , al mismo tiempo suscita preocupación por el desplazamiento de la mano de obra, ya que quienes desempeñan funciones que pueden automatizarse fácilmente pueden tener dificultades para hacer la transición a este nuevo panorama. Dado el ritmo de los avances tecnológicos, la necesidad de una respuesta estratégica a los cambios en los entornos laborales es cada vez más crucial. Los responsables políticos, los educadores y los líderes empresariales deben entablar debates proactivos en torno al desarrollo y la resiliencia de la mano de obra. Hacer hincapié en el aprendizaje permanente y la mejora continua de las cualificaciones puede capacitar a los trabajadores para desenvolverse en un mercado laboral cada vez más influido por las tecnologías de IA. Para mitigar las consecuencias adversas del desplazamiento de puestos de trabajo, los programas de reciclaje y las iniciativas educativas específicas serán vitales para preparar a las personas para las exigencias de las funciones mejoradas por la IA. Las políticas públicas destinadas a abordar la desigualdad de ingresos y promover la inclusión de la mano de obra serán esenciales para garantizar que los beneficios de la integración de la IA en los entornos laborales se distribuyan equitativamente. Mientras la sociedad sigue lidiando con las implicaciones de la IA, será necesario un esfuerzo de colaboración para facilitar un futuro del trabajo sostenible e integrador.

Estrategias de adaptación para los trabajadores

El auge de los agentes requiere un profundo cambio en la dinámica de la mano de obra, que impulsa a los individuos a cultivar un conjunto diverso de habilidades para seguir siendo competitivos en un mercado laboral en evolución. A medida que la automatización se hace cargo de las tareas repetitivas y rutinarias, especialmente en sectores como la fabricación y la logística, los trabajadores deben pasar a mejorar sus capacidades en áreas no rutinarias y cognitivamente exigentes. Los que inviertan tiempo en adquirir conocimientos digitales, pensamiento crítico y habilidades creativas para resolver problemas estarán mejor posicionados para prosperar junto con la IA. Hay que hacer hincapié en los programas de formación adaptados a las competencias específicas que los agentes aún no pueden reproducir, como la inteligencia emocional en el servicio al cliente o la capacidad de innovación en los campos creativos. Al mejorar la capacidad de adaptación, los trabajadores podrán navegar no sólo por los efectos inmediatos de la implantación de la IA, sino también por los cambios más amplios que inevitablemente surgirán a medida que la tecnología siga avanzando. Navegar por las complejidades que trae consigo la IA también exigirá que las personas se dediquen al aprendizaje permanente, un componente esencial de las estrategias de adaptación. La formación continua es crucial a medida que evoluciona la tecnología, y el mercado laboral exige cada vez más flexibilidad y dominio de diversas competencias. Esto podría implicar una educación formal a través de colegios comunitarios y universidades, así como un aprendizaje informal a través de cursos y certificaciones online especializados en tecnologías emergentes. La creación de redes y la colaboración entre profesionales de diversos campos ofrecen además oportunidades para compartir conocimientos y tutoría, garantizando que los trabajadores permanezcan informados sobre las tendencias del sector. Adoptar una mentalidad orientada al crecimiento y la curiosidad puede permitir a los empleados tomar la iniciativa en el desarrollo de su carrera, fomentando la resiliencia frente a posibles desplazamientos laborales. Este enfoque proactivo no sólo mejora la empleabilidad personal, sino que también contribuye a una mano de obra más sólida que puede aprovechar eficazmente las ventajas de la IA. El apoyo de las entidades gubernamentales y organizativas desempeña un papel crucial en la configuración de estrategias de adaptación satisfactorias para los trabajadores. Las políticas orientadas a facilitar las transiciones de la mano de obra, como los programas de reciclaje profesional y los incentivos educativos, pueden aliviar significativamente las fricciones causadas por los rápidos cambios tecnológicos. La colaboración entre las organizaciones del sector privado y las instituciones educativas puede conducir al desarrollo de planes de estudios que se ajusten a las necesidades del lugar de trabajo moderno, preparando a los trabajadores para las funciones que crean las tecnologías de IA. Promover la concienciación pública sobre la importancia de la adaptabilidad y las habilidades necesarias para el futuro panorama laboral fomentará una cultura de resiliencia. Creando un entorno que fomente la colaboración, la educación y el desarrollo de habilidades, la sociedad puede garantizar que los trabajadores no sólo sean capaces de sobrevivir, sino de prosperar en una economía cada vez más definida por la presencia de agentes.

XVI. POLÍTICA PÚBLICA

El auge de los agentes invita a un importante escrutinio de los marcos de política pública necesarios para navegar por las complejidades que introducen estas tecnologías. Los legisladores y los responsables políticos se enfrentan al reto de equilibrar la innovación con la protección de los trabajadores, por lo que es imperativo diseñar normativas que reconozcan tanto los beneficios potenciales que la IA puede aportar al mercado laboral como los riesgos potenciales de desplazamiento de puestos de trabajo. A medida que la IA sigue automatizando tareas tradicionalmente realizadas por humanos, urge adoptar medidas proactivas que garanticen que la transición a este nuevo paradigma laboral no afecta de forma desproporcionada a las poblaciones vulnerables. Involucrar a las partes interesadas, como los sindicatos y las empresas tecnológicas, en el proceso de elaboración de políticas resulta crucial para desarrollar estrategias integrales que aprovechen las capacidades de la IA al tiempo que salvaguardan los derechos de los trabajadores y promueven un crecimiento equitativo en todos los sectores. A medida que los agentes se hacen cada vez más frecuentes en diversos campos, el panorama del empleo evoluciona, lo que obliga a reexaminar los programas educativos y de formación. Las políticas públicas deben hacer hincapié en la importancia de reciclar y mejorar las cualificaciones de la mano de obra para adaptarlas a los conjuntos de aptitudes necesarios en una economía impulsada por la tecnología. Este cambio implica la colaboración con las instituciones educativas para renovar los planes de estudio, incorporando la alfabetización digital y el pensamiento crítico como componentes fundamentales. Apoyar las iniciativas de aprendizaje permanente puede capacitar a las personas para adaptarse a las cambiantes demandas laborales, manteniendo su empleabilidad en un entorno en el que la IA realiza muchas tareas rutinarias. La inversión específica en programas públicos de desarrollo de la mano de obra puede garantizar que las comunidades infrarrepresentadas accedan a estas oportunidades, permitiendo una participación equitativa en el mercado laboral de alta tecnología. Así pues, la política pública debe adaptarse rápidamente para facilitar una mano de obra capaz de prosperar junto a la IA. La integración de los agentes en el mercado laboral plantea consideraciones éticas críticas que las políticas públicas deben abordar para fomentar un panorama laboral sostenible. Los responsables políticos tienen la tarea de garantizar que el despliegue de la IA se ajuste a los principios de equidad, transparencia y responsabilidad. Para ello es necesario establecer directrices claras sobre el uso de los datos, la privacidad y el sesgo algorítmico, que puede afectar desproporcionadamente a los grupos marginados si no se controla. La creación de mecanismos de supervisión pública puede garantizar que las tecnologías de IA se desarrollen y apliquen de forma responsable, dando prioridad al bienestar humano sobre los beneficios. El compromiso bilateral entre los gobiernos, la industria tecnológica y la sociedad civil es esencial para cultivar un entorno en el que la innovación no se produzca a expensas de la confianza pública. A medida que avanza la conversación en torno a los agentes, las políticas públicas deben adaptarse para promover la inclusividad y salvaguardar la posible erosión de los derechos de los trabajadores, garantizando que todas las personas puedan beneficiarse de los avances logrados por la IA.

El papel del gobierno en la regulación de la IA

La creciente integración de la IA en diversos sectores requiere una postura proactiva por parte de las entidades gubernamentales para garantizar que esta tecnología se alinea con los valores sociales y los marcos jurídicos. La complejidad y la rápida evolución de la IA implican que los responsables políticos a menudo se ponen al día, esforzándose por crear normativas que sean eficaces y adaptables a los nuevos avances. Los gobiernos deben afrontar los retos de fomentar la innovación y, al mismo tiempo, garantizar que la IA se diseñan y despliegan de forma responsable. Este acto de equilibrio requiere no sólo un profundo conocimiento de los avances tecnológicos, sino también una aguda conciencia de sus posibles repercusiones socioeconómicas, sobre todo en relación con el empleo. A medida que los agentes automatizan tareas tradicionalmente realizadas por humanos, el papel del gobierno se vuelve crucial a la hora de establecer normativas que protejan a los trabajadores desplazados, aborden las preocupaciones éticas en torno al uso de datos y promuevan el acceso equitativo a los beneficios generados por los avances de la IA.

Una regulación gubernamental proactiva en materia de IA no sólo pretende mitigar los riesgos, sino que también puede crear un entorno propicio a la innovación. Al establecer directrices claras en torno a la privacidad de los datos, la transparencia algorítmica y los mecanismos de rendición de cuentas, los gobiernos pueden ayudar a infundir confianza pública en las tecnologías de IA. Esta confianza es esencial, ya que influye directamente en la adopción de sistemas de IA en todos los sectores. Los marcos reguladores pueden proporcionar salvaguardias contra las prácticas monopolísticas, garantizando que las empresas más pequeñas puedan competir en igualdad de condiciones. Mediante iniciativas como subvenciones a la investigación y financiación de programas de reciclaje de la mano de obra, los gobiernos pueden apoyar activamente estrategias de adaptación que preparen a la mano de obra para un futuro impulsado por la IA. Para dar forma a estas políticas, es vital que los gobiernos se comprometan con una amplia gama de partes interesadas, incluidos expertos tecnológicos, representantes laborales y grupos comunitarios, garantizando que las medidas reguladoras reflejen las diversas necesidades y preocupaciones de la sociedad. La colaboración internacional también desempeña un papel fundamental en el establecimiento de normativas eficaces sobre IA. A medida que las tecnologías de IA trascienden las fronteras nacionales, las posibles discrepancias en los enfoques reguladores pueden dar lugar a retos como el arbitraje regulador, en el que las empresas se aprovechan de las normativas más débiles de determinadas jurisdicciones. En consecuencia, los gobiernos deben entablar diálogos con sus homólogos mundiales para establecer normas y directrices comunes que promuevan la innovación responsable, abordando al mismo tiempo las diversas implicaciones jurídicas y éticas del despliegue de la IA. Las organizaciones multilaterales pueden facilitar el intercambio de buenas prácticas y promover marcos que aborden las disparidades económicas exacerbadas por las tecnologías de IA. Una estrategia internacional cohesionada no sólo mejorará la eficacia de los esfuerzos reguladores, sino que también subrayará la responsabilidad compartida de las naciones a la hora de navegar por las complejidades instigadas por los agentes, fomentando en última instancia una economía digital que beneficie a todas las partes interesadas.

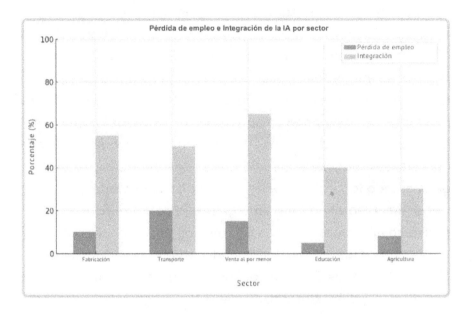

El gráfico ilustra la relación entre los porcentajes de pérdida de empleo y los porcentajes de integración de la IA en los distintos sectores. Cada sector muestra el porcentaje de pérdida de empleo representado por barras azules y el porcentaje de integración de la IA representado por barras naranjas. Esta comparación pone de relieve cómo los distintos sectores pueden enfrentarse a diferentes niveles de pérdida de empleo asociados a distintos grados de integración de la IA.

183

Políticas de apoyo a los trabajadores afectados

A medida que la IA sigue impregnando diversas industrias, las transformaciones resultantes de la mano de obra requieren un enfoque deliberado y estratégico de las políticas laborales. Para mitigar los efectos adversos del desplazamiento de puestos de trabajo, es imperativo establecer sólidos programas de reciclaje destinados a mejorar las competencias de los trabajadores afectados. Promoviendo iniciativas de aprendizaje permanente, las instituciones educativas y los centros de formación pueden adaptar sus planes de estudio a la evolución de las demandas del mercado laboral, capacitando así a los trabajadores para la transición a los sectores emergentes. Estas políticas podrían centrarse en proporcionar una formación profesional accesible y subvencionar las oportunidades educativas, centrándose específicamente en las personas de las industrias más vulnerables a la automatización. Garantizar que estos programas se adapten a las necesidades tanto de los empleados como de los empresarios cultivará una mano de obra preparada para prosperar en una economía tecnológicamente avanzada. Fomentando una mano de obra adaptable mediante iniciativas integrales de reciclaje, la sociedad puede salvar la distancia entre el panorama laboral tradicional y las nuevas oportunidades que ofrecen los agentes. En reconocimiento del peaje emocional y financiero que puede imponer el desplazamiento, las políticas también deberían incluir apoyo psicológico y redes de seguridad económica para los trabajadores afectados. Esto podría adoptar la forma de servicios de asesoramiento destinados a ayudar a las personas a superar el estrés y la incertidumbre tras la pérdida del empleo. Junto con el apoyo a la salud mental, los programas de seguro de desempleo podrían reestructurarse para proporcionar una red de seguridad más sustancial, que permita a los trabajadores desplazados acceder a recursos que les ayuden en la búsqueda de empleo y en la adquisición de habilidades, manteniendo al mismo tiempo la estabilidad económica. Integrando estas medidas de apoyo en los marcos laborales existentes, los responsables políticos pueden fomentar la resiliencia entre los trabajadores de , reduciendo el impacto inmediato de las transiciones laborales. Estos sistemas de apoyo integrales no sólo demuestran un compromiso social con el bienestar de los trabajadores, sino que también contribuyen a un entorno económico más estable, en el que las personas se sienten lo suficientemente seguras como para buscar nuevas oportunidades sin temor a caer en la pobreza.

Fomentar la colaboración entre el sector privado y los organismos gubernamentales es otra vía política crucial que puede facilitar la adaptación sin problemas de la mano de obra a una economía impulsada por la IA. Las asociaciones entre empresas, instituciones educativas y organismos gubernamentales pueden crear programas a medida que respondan a las necesidades de la industria en tiempo real, garantizando al mismo tiempo que los trabajadores posean las aptitudes necesarias. Estos esfuerzos de colaboración también pueden facilitar el aprendizaje y las iniciativas de tutoría, que permiten a los trabajadores adquirir experiencia práctica en campos florecientes. Implicar a los trabajadores afectados en el proceso de elaboración de políticas garantiza que se escuchen sus voces y se atiendan sus necesidades, lo que en última instancia se traduce en políticas más eficaces e inclusivas. Al fomentar una relación de cooperación entre las partes interesadas, las sociedades pueden generar un marco proactivo para navegar por la agitación causada por los agentes, maximizando en última instancia los beneficios de los avances tecnológicos y minimizando al mismo tiempo las perturbaciones experimentadas por los trabajadores.

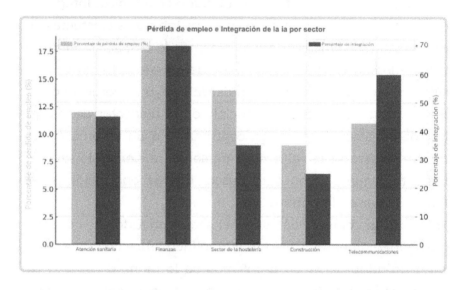

El gráfico ilustra la relación entre el porcentaje de pérdida de empleo y el porcentaje de integración de la IA en los distintos sectores. Muestra que el sector financiero experimenta el mayor porcentaje de pérdida de empleo, al tiempo que tiene un porcentaje significativo de integración de la IA, lo que indica una posible correlación entre la pérdida de empleo y la adopción de la IA.

Cooperación internacional sobre normas de IA

A medida que la IA evoluciona, la necesidad de normativas estandarizadas se hace cada vez más evidente, sobre todo si se tienen en cuenta sus polifacéticas implicaciones para el empleo mundial. La proliferación de agentes en diversos sectores ha puesto de relieve la urgencia de establecer marcos internacionales a través de los cuales se puedan comunicar y aplicar eficazmente prácticas éticas y medidas de seguridad. El auge de estos sistemas inteligentes requiere una respuesta colectiva no sólo para mitigar el posible desplazamiento de puestos de trabajo, sino también para fomentar un entorno que estimule la innovación al tiempo que se abordan las disparidades socioeconómicas. Este esfuerzo de colaboración es primordial para garantizar que las naciones puedan adaptarse colectivamente al potencial transformador de la IA, abogando por valores compartidos como la transparencia, la responsabilidad y la inclusión en el desarrollo de la IA. El establecimiento de estas normas constituye un paso fundamental hacia la preparación de la mano de obra para los próximos cambios que los agentes introducirán en los distintos sectores. El papel de la cooperación internacional en el establecimiento de normas de IA no es sólo una tarea técnica, sino que también implica equilibrar una serie de valores culturales e intereses económicos. Los distintos países tienen perspectivas diferentes sobre la aplicación de la IA, influidas en gran medida por sus estructuras económicas, características de la mano de obra y normas sociales. Esta disparidad puede dar lugar a desajustes en el panorama normativo, lo que complica las colaboraciones transfronterizas y podría obstaculizar los beneficios de los avances de la IA. Un conjunto

187

compartido de normas crearía un lenguaje común en el desarrollo de la IA, facilitando así la colaboración entre gobiernos, empresas e instituciones académicas. Esta cohesión es esencial para coordinar los esfuerzos para desarrollar directrices éticas que den prioridad al bienestar humano, permitiendo al mismo tiempo que los países mantengan sus identidades únicas. La armonización de las normas no sólo agiliza el cumplimiento de la normativa, sino que también mejora el intercambio de conocimientos y prácticas innovadoras a través de las fronteras, fomentando un ecosistema global que sea resistente y equitativo. De cara al futuro, el compromiso internacional de forjar normas de IA promete remodelar positivamente el futuro panorama laboral. Los líderes de la industria, los responsables políticos y las instituciones educativas tienen un papel fundamental en la configuración de estas normas para abordar preventivamente las consecuencias de la integración de la IA en la mano de obra.

A medida que los agentes sigan automatizando tareas tradicionalmente realizadas por humanos, se hace esencial un diálogo continuo sobre el mapeo de competencias y las iniciativas de reciclaje de la mano de obra.

Al dar prioridad al desarrollo de competencias y al acceso a los recursos educativos, los países pueden mitigar los efectos adversos del desplazamiento de puestos de trabajo y, al mismo tiempo, preparar a su población para desempeñar funciones avanzadas en los campos emergentes. Este enfoque proactivo de la cooperación internacional no sólo reforzará la adaptabilidad de las estructuras laborales mundiales, sino que también promoverá un crecimiento económico integrador. Mediante estrategias cohesionadas, las naciones pueden aprovechar los beneficios de la IA y, al mismo tiempo, garantizar transiciones equitativas que tengan en cuenta las diversas necesidades de su mano de obra y sus comunidades.

XVII. ADAPTACIÓN EMPRESARIAL A LA IA

Reconociendo el potencial transformador de la IA, las empresas dan cada vez más prioridad a la adaptación estratégica para aprovechar eficazmente los agentes. El núcleo de esta adaptación reside en comprender en qué se diferencian estos agentes de las tecnologías tradicionales, haciendo hincapié en sus capacidades de aprendizaje autónomo, análisis predictivo y asimilación de datos en tiempo real. Las empresas no sólo están integrando la IA en sus marcos operativos, sino también reevaluando sus flujos de trabajo existentes para alinearlos con las capacidades que ofrecen el aprendizaje automático y la automatización. Esta incorporación reflexiva tiene como objetivo no sólo aumentar la eficiencia, sino también mejorar los procesos de toma de decisiones en todos los niveles organizativos. A medida que las empresas realizan este cambio, se hace evidente una revisión de la dinámica global del lugar de trabajo, un reconocimiento de que las funciones tradicionales deben evolucionar o, en algunos casos, dar paso a funciones mejoradas por la IA. Esta adaptabilidad significa un avance hacia un modelo empresarial más ágil, que fomente una cultura de innovación y mejora continua en respuesta a los retos externos e internos. Comprender las implicaciones de la IA exige que las organizaciones reevalúen las funciones de sus empleados y la composición general de su plantilla. A medida que los agentes destacan en tareas que requieren procesamiento de datos, análisis e incluso interacción, las funciones centradas en tareas rutinarias y predecibles corren cada vez más riesgo de obsolescencia. Esta realidad obliga a las empresas a invertir en la mejora y reciclaje de sus equipos de trabajo, desplazando la atención hacia el desarrollo de competencias en gestión tecnológica, análisis de datos y supervisión de la IA. Las empresas reconocen la necesidad de una relación sinérgica entre la inteligencia humana y la IA, que aproveche los puntos fuertes de ambas entidades. Al fomentar entornos en los que los empleados puedan relacionarse con la IA como herramientas de colaboración y no como competidores, las empresas abogan por un futuro en el que las habilidades humanas se complementen con los avances tecnológicos, lo que en última instancia conduce a funciones laborales más ricas que requieren creatividad, inteligencia emocional y pensamiento estratégico. Estas estrategias de adaptación no sólo son fundamentales para mantener la competitividad en el mercado, sino también para abordar las implicaciones sociales más amplias de la integración de la IA. El doble efecto de la transformación y el desplazamiento de los puestos de trabajo suscita una gran preocupación por la desigualdad de la mano de obra. A medida que las funciones poco cualificadas se automatizan cada vez más, la brecha entre las ocupaciones muy cualificadas y de gran demanda y las que quedan obsoletas sigue ampliándose. Las empresas, por tanto, tienen la responsabilidad crucial de defender marcos éticos que mitiguen estas disparidades, potencialmente mediante asociaciones con instituciones educativas y programas gubernamentales dirigidos al desarrollo de la mano de obra. La participación proactiva en la redefinición del futuro del trabajo subraya el compromiso con unas prácticas socialmente responsables que tengan en cuenta el bienestar de todos los empleados. A medida que las organizaciones navegan por estas complejas dinámicas, el énfasis en las adaptaciones colaborativas no sólo invierte en su capital humano, sino que también contribuye a una sociedad más equitativa capaz de aprovechar los beneficios de los avances de la IA.

Año	Empresas que adoptan la IA	Aumento de la eficacia	Industria
2022	67%	34%	Varios
2023	75%	42%	Tecnología
2023	72%	37%	Sanidad
2023	70%	39%	Fabricación
2023	68%	35%	Finanzas

Adaptación empresarial a la IA

Estrategias para que las empresas integren la IA

A medida que las organizaciones empiezan a comprender el potencial transformador de la IA (Inteligencia Artificial), las estrategias para una integración eficaz se vuelven primordiales. Para aprovechar las capacidades de los agentes, las empresas deben invertir primero en una sólida infraestructura tecnológica que soporte la recopilación, el almacenamiento y el procesamiento de datos. Dicha inversión no consiste simplemente en adquirir software, sino que abarca el cultivo de una cultura que priorice la innovación y la flexibilidad. Las organizaciones deben fomentar la colaboración interdisciplinar, permitiendo a los empleados de distintas especialidades compartir conocimientos que puedan conducir a nuevas aplicaciones de la IA. Los programas de formación que capacitan a los empleados en áreas como la alfabetización de datos y el aprendizaje automático son esenciales, ya que capacitan al personal para trabajar junto a la IA, en lugar de percibirlos como amenazas. Este cambio de perspectiva es vital para fomentar una mano de obra que no sólo sea experta en el uso de la IA, sino que también esté preparada para participar en los procesos de toma de decisiones estratégicas que permiten estas tecnologías. La integración efectiva de la IA debe ir acompañada de una comprensión clara de las consideraciones éticas que implica su aplicación. A medida que las empresas despliegan agentes para automatizar tareas tradicionalmente realizadas por humanos, deben enfrentarse a cuestiones de parcialidad, responsabilidad y transparencia. El establecimiento de marcos y directrices éticos es crucial; estas medidas ayudarán a las empresas a navegar por el complejo panorama de la aplicación de la IA, manteniendo al mismo tiempo la confianza del público. La participación de las partes interesadas es esencial a este respecto, y exige que las empresas soliciten la opinión de empleados, clientes y accionistas al formular sus estrategias de IA. Al crear un entorno en el que las consideraciones éticas forman parte del debate en torno a la implantación de la IA, las empresas no sólo mitigan los riesgos, sino que también se posicionan en como líderes socialmente responsables en sus sectores. Así pues, un enfoque equilibrado que incorpore la supervisión ética dentro de la transición tecnológica es fundamental para la integración sostenible de la IA. El éxito a largo plazo en la integración de la IA requiere una estrategia adaptativa que haga hincapié en el aprendizaje y la evolución continuos. El panorama rápidamente cambiante de la tecnología exige un compromiso continuo para reevaluar el papel de la IA dentro de los marcos organizativos. Las empresas deben implantar mecanismos de retroalimentación para evaluar periódicamente el rendimiento y el impacto de los agentes, fomentando un proceso iterativo que aliente tanto la mejora como la innovación. Fomentar una mentalidad de resiliencia y adaptabilidad entre los empleados es igualmente vital, ya que les prepara para los cambios derivados de la integración de la IA. Las empresas pueden beneficiarse del despliegue de proyectos piloto que permitan experimentar y aprender en un entorno controlado antes de comprometerse a una implantación a gran escala. Este enfoque no sólo minimiza los riesgos, sino que también cultiva una cultura organizativa que valora la exploración y el desarrollo. Al dar prioridad a la adaptabilidad, las organizaciones pueden garantizar que sus esfuerzos de integración de la IA sigan siendo relevantes y beneficiosos, contribuyendo en última instancia a la naturaleza dinámica de la mano de obra moderna a medida que la IA sigue evolucionando.

Formación y desarrollo para los empleados

A medida que los agentes penetran cada vez más en diversos sectores, se acentúa la necesidad de formación y desarrollo de los empleados. La transición hacia un lugar de trabajo más impulsado por la IA exige que las organizaciones inviertan en mejorar y reciclar sus plantillas para complementar las capacidades de estas tecnologías avanzadas. Las funciones tradicionales que requieren repetición y tareas rutinarias se están transformando a medida que la IA toma el relevo, lo que da lugar a un panorama laboral cambiante. Este panorama subraya la importancia de fomentar habilidades que se alineen con los avances tecnológicos, como el análisis de datos, el aprendizaje automático y la colaboración entre humanos e IA. Al dotar a los empleados de estas habilidades esenciales, las organizaciones no sólo aumentan la productividad, sino que también mejoran la satisfacción laboral, ya que las personas se sienten capacitadas para realizar un trabajo más significativo. Así, las empresas que dan prioridad a las iniciativas de aprendizaje no sólo aseguran su eficacia operativa, sino que también cultivan una mano de obra resistente, capaz de navegar por las complejidades de una economía potenciada por la IA. La integración de agentes en los marcos operativos altera intrínsecamente la dinámica de las funciones de los empleados, lo que obliga a reevaluar las modalidades de formación existentes. A medida que evoluciona la naturaleza del trabajo, también deben hacerlo las estrategias de desarrollo de los empleados. Los programas de formación convencionales, a menudo estáticos y de alcance limitado, deben adaptarse para abarcar una gama más amplia de competencias destinadas a fomentar la agilidad, el pensamiento crítico y la creatividad. Este cambio fomenta el diseño de entornos de aprendizaje dinámicos que faciliten la mejora continua y la adaptabilidad. Adoptar el aprendizaje experimental, las plataformas educativas en línea y los proyectos de colaboración puede mejorar significativamente la capacidad de los empleados para absorber y aplicar eficazmente la nueva información. Las organizaciones deben fomentar activamente una cultura de aprendizaje permanente, en la que los empleados busquen el conocimiento de forma proactiva y no reactiva. Este enfoque proactivo garantiza que la mano de obra siga siendo relevante ante el rápido cambio tecnológico, apoyando tanto el crecimiento individual como el de la organización a medida que se adaptan a las nuevas realidades que plantea la integración de la IA. Invertir en formación y desarrollo no sólo beneficia a los empleados individualmente, sino que también sirve a un propósito social más amplio en el contexto del desplazamiento provocado por los agentes. A medida que la automatización sustituye cada vez más puestos de trabajo, sobre todo en sectores poco cualificados, se hace evidente la necesidad imperiosa de ofrecer oportunidades de reciclaje. Las organizaciones deben asumir la responsabilidad de facilitar las transiciones de los trabajadores desplazados, asegurándose de que tienen las habilidades necesarias para prosperar en un mercado laboral renovado. Las asociaciones público-privadas pueden desempeñar un papel crucial, combinando recursos y experiencia para crear programas de formación accesibles que aborden las necesidades específicas de los trabajadores afectados. Este esfuerzo de colaboración es esencial para mitigar el impacto negativo de los avances tecnológicos en el empleo y fomentar la equidad social. Al equipar proactivamente a la mano de obra con las competencias pertinentes, la sociedad puede afrontar mejor los retos que plantean los agentes, transformando la posible pérdida de puestos de trabajo en oportunidades para la innovación y la resiliencia económica. En este panorama transformador, el énfasis en la formación y el desarrollo integrales surge no sólo como una obligación corporativa, sino como un componente crítico del crecimiento sostenible en un mundo cada vez más automatizado.

Casos prácticos de integración con éxito de la IA

La integración de la IA en diversos sectores ha dado resultados transformadores, sobre todo en la atención al cliente. La implantación de chatbots y asistentes virtuales basados en IA ha revolucionado la forma en que las empresas interactúan con sus clientes. Al utilizar el procesamiento del lenguaje natural y algoritmos de aprendizaje automático, estos sistemas gestionan eficazmente las consultas de los clientes, permitiendo una asistencia en tiempo real sin las limitaciones de los horarios humanos. Empresas como Amazon y H&M han adoptado estas tecnologías no sólo para mejorar la eficiencia del servicio, sino también para recopilar datos valiosos sobre el comportamiento y las preferencias de los clientes. Estos datos se aprovechan posteriormente para perfeccionar las estrategias de marketing y mejorar las ofertas de productos. El resultado es un doble beneficio: los clientes disfrutan de resoluciones más rápidas a sus problemas, mientras que las empresas pueden agilizar las operaciones y reducir los costes laborales. Esta integración es un ejemplo de aplicación con éxito de la IA que aumenta la productividad, lo que indica un cambio significativo en el panorama de las funciones de atención al cliente y sugiere un futuro orientado hacia las interacciones mejoradas por la tecnología.

En el sector de la logística, la integración con éxito de las tecnologías de IA ha demostrado ser un cambio de juego, optimizando la gestión de la cadena de suministro y mejorando la eficiencia general. Los sistemas automatizados, impulsados por algoritmos de IA, predicen las fluctuaciones de la demanda, gestionan los niveles de inventario y dirigen las rutas de transporte de forma que se minimicen los retrasos y se maximice la utilización de los recursos. Líderes del sector como UPS y FedEx aplican estas soluciones de IA para analizar vastos conjuntos de datos para la toma de decisiones estratégicas, mejorando los plazos de entrega y reduciendo los costes operativos. Las implicaciones de este cambio son profundas; mientras que las funciones tradicionales podrían disminuir debido a la automatización, están surgiendo nuevas oportunidades profesionales en el análisis de datos, la supervisión de la IA y el mantenimiento de sistemas. Cada vez hay más demanda de trabajadores capacitados para interpretar los conocimientos derivados de la IA o gestionar tecnologías avanzadas, lo que conduce a un panorama laboral dinámico que hace hincapié en la adaptabilidad y el aprendizaje continuo. Este caso ilustra no sólo las ganancias de eficiencia derivadas de la integración de la IA, sino que también refleja una evolución más amplia del mercado laboral que trata de equilibrar el avance tecnológico con el desarrollo de la mano de obra.

La sanidad es otro de los principales candidatos para evaluar el éxito de la integración de las tecnologías de IA, con notables beneficios en la atención al paciente y la eficiencia administrativa. Las aplicaciones de la IA en el diagnóstico, como los algoritmos de reconocimiento de imágenes utilizados para identificar anomalías en las imágenes médicas, han mejorado significativamente la precisión y la rapidez de los diagnósticos. Instituciones médicas como Mayo Clinic y Stanford Health están abriendo camino utilizando la IA para ayudar a los profesionales sanitarios a tomar decisiones oportunas que mejoren los resultados de los pacientes. La IA son capaces de agilizar los procesos administrativos, como la programación de citas y la facturación, liberando así al personal médico para que se centre en la interacción y la atención al paciente. Aunque surgen preocupaciones sobre el desplazamiento de puestos de trabajo en funciones tradicionales, esta integración sugiere un reajuste de los puestos sanitarios hacia responsabilidades más especializadas e impulsadas por la tecnología. A medida que la IA siga avanzando, los profesionales sanitarios tendrán que evolucionar, adquiriendo nuevas competencias que se ajusten a estas prácticas innovadoras, lo que indica una transformación continua en el sector que combina la tecnología con la supervisión humana para mejorar los servicios.

Empresa	Industria	Tecnología IA	Impacto en el empleo	Año
Amazon	Comercio electrónico	Robótica de almacén	Aumento de la eficacia; reducción de la demanda de mano de obra en un 20%.	2023
IBM	Consultoría tecnológica	IA Watson	Aumento de la productividad de la plantilla; liberación de un 30% del tiempo de los empleados para tareas estratégicas.	2022
Siemens	Fabricación	Mantenimiento Predictivo	Mejora del tiempo de actividad de la máquina; reducción de la carga de trabajo del personal de mantenimiento en un 15%.	2023
Google	Tecnología	Algoritmos de búsqueda basados en IA	Aumento de la participación de los usuarios; incremento de las funciones de creación de contenidos en un 10%.	2023
Zebra Visión Médica	Sanidad	Análisis de Imágenes Médicas	Aceleró los procesos de diagnóstico; ayudó a los radiólogos reduciendo su carga de trabajo en un 25%.	2022

Casos prácticos de integración con éxito de la IA

XVIII. IMPLICACIONES ÉTICAS DE LA IA

El rápido desarrollo de los agentes exige un examen exhaustivo de sus implicaciones éticas, sobre todo cuando empiezan a redefinir los paisajes ocupacionales. La creciente sofisticación de estos sistemas plantea cuestiones relativas a la responsabilidad en los procesos de toma de decisiones. A medida que los agentes asumen mayores responsabilidades en sectores que van desde la atención al cliente a la asistencia sanitaria, determinar quién es responsable de los errores resulta cada vez más complejo. Si un sistema de IA comete un error de diagnóstico en un entorno médico, las líneas se difuminan entre la responsabilidad de los desarrolladores, los profesionales sanitarios y el propio algoritmo. Esta ambigüedad puede socavar la confianza en la tecnología y poner de relieve la necesidad de marcos que delimiten la responsabilidad, garantizando que ésta siga residiendo en la supervisión humana incluso cuando se automatizan las tareas. Salvaguardar las normas éticas en el despliegue de la IA es fundamental, no sólo para fomentar la confianza pública, sino también para garantizar que los beneficios derivados de los agentes respeten los valores sociales.

La integración de agentes en la mano de obra también suscita importantes preocupaciones sobre la parcialidad y la imparcialidad. Estos sistemas se basan a menudo en datos históricos para informar a sus algoritmos, lo que puede reflejar y reforzar inadvertidamente los prejuicios sociales existentes. Por ejemplo, si una IA de contratación está entrenada en prácticas de contratación pasadas que favorecieron a un determinado grupo demográfico, puede discriminar a candidatos de diferentes orígenes, perpetuando así la desigualdad en el empleo. Esto puede dar lugar a una mano de obra homogeneizada que carezca de diversidad y no represente a la comunidad en general. Tales resultados subrayan la necesidad acuciante de vigilancia en el desarrollo y despliegue de las tecnologías de IA, incorporando conjuntos de datos diversos y pruebas rigurosas para minimizar el sesgo. Establecer directrices éticas que den prioridad a la equidad y la inclusión en la IA es esencial para promover un mercado laboral justo y evitar que se agraven aún más las disparidades sociales.

A medida que los agentes penetran cada vez más en diversos sectores, su potencial para remodelar la dinámica del empleo introduce una miríada de consideraciones éticas que la sociedad debe afrontar. La yuxtaposición de creación de empleo y desplazamiento surge como un dilema moral acuciante; aunque la innovación tecnológica puede dar lugar a nuevas oportunidades laborales, a menudo se produce a costa de los roles tradicionales. Esta transformación suscita preguntas sobre la responsabilidad social de las empresas y los responsables políticos para facilitar una transición suave a los trabajadores afectados. Los programas destinados a reciclar y mejorar las cualificaciones de la mano de obra se vuelven fundamentales para garantizar que las personas puedan adaptarse a un mercado laboral en evolución. Las implicaciones éticas de dar prioridad a los beneficios sobre la estabilidad de la mano de obra se hacen evidentes, suscitando debates sobre el equilibrio entre innovación y responsabilidad social. Abordar estas preocupaciones es vital no sólo para la sostenibilidad de los mercados laborales, sino para fomentar un enfoque socialmente responsable de la integración de la IA en la vida cotidiana.

Dilemas éticos en la implantación de la IA

La rápida integración de la IA en diversos sectores ha planteado importantes cuestiones éticas en relación con su despliegue, sobre todo dentro de la mano de obra. A medida que los agentes asumen funciones tradicionalmente desempeñadas por humanos, la preocupación por la responsabilidad se vuelve primordial. ¿Quién es responsable cuando un sistema de IA comete un error o causa un daño? Este dilema se intensifica en sectores como la sanidad y las finanzas, donde las decisiones pueden tener consecuencias que alteren la vida. La falta de transparencia de estos complejos algoritmos complica aún más la rendición de cuentas. Sin una comprensión clara de cómo llegan estos sistemas a sus conclusiones, la delegación de tareas críticas a la IA desafía nuestros marcos éticos. Esta discordancia pone de relieve la acuciante necesidad de unas directrices reguladoras sólidas que puedan delimitar líneas claras de responsabilidad, fomentando un entorno en el que la IA pueda operar junto con la supervisión humana sin socavar las normas éticas. Así pues, lidiar con la responsabilidad es un precursor necesario para la adopción generalizada de agentes en entornos profesionales. El potencial de parcialidad de la IA presenta otra complejidad ética que requiere una cuidadosa consideración. Los algoritmos de aprendizaje automático no son intrínsecamente neutrales; reflejan los datos con los que se entrenan. Si los datos históricos son erróneos o reflejan desigualdades sociales, la IA perpetúa y amplifica posteriormente estos sesgos. Esta preocupación es especialmente relevante en los procesos de contratación, la justicia penal y la aprobación de préstamos, donde una IA sesgada podría exacerbar las disparidades existentes. El reto consiste en frenar estos sesgos evitando al mismo tiempo restricciones demasiado rígidas que puedan ahogar la innovación. Los desarrolladores y las organizaciones deben ser proactivos a la hora de auditar sus sistemas de IA, garantizar la diversificación de sus conjuntos de datos de entrenamiento e implementar evaluaciones continuas para medir la imparcialidad. Abordar el sesgo es esencial no sólo para la equidad social, sino también para la integridad organizativa, ya que la confianza en las tecnologías de IA depende de la percepción de justicia. Así pues, el imperativo moral de desarrollar una IA equitativa se entrelaza tanto con las prácticas empresariales como con las normas de la comunidad. El impacto de la IA en el empleo modifica tanto la naturaleza del trabajo como las consideraciones éticas en torno al desplazamiento laboral. Aunque la tecnología de IA crea nuevas oportunidades en el análisis de datos y la gestión de la tecnología, al mismo tiempo amenaza las funciones tradicionales, sobre todo en sectores susceptibles de automatización, como la fabricación y el servicio al cliente. El dilema filosófico aquí gira en torno al valor del trabajo humano frente a la eficiencia tecnológica. ¿Qué responsabilidades tienen las empresas a la hora de apoyar a los trabajadores desplazados? ¿Deben invertir en iniciativas de reciclaje y mejora de las cualificaciones, o les basta con la transición a un modelo más automatizado? La ética dicta que las organizaciones deben dar prioridad a un enfoque centrado en el ser humano y considerar las implicaciones sociales a largo plazo cuando desplieguen agentes. Existe una necesidad general de equilibrar el avance tecnológico con la responsabilidad social, garantizando que el despliegue de agentes no se limita a aumentar los beneficios, sino que también contribuye a un mercado laboral justo y equitativo para todos.

Preocupación	Afectados	Industria afectada	Año de estudio	Fuente
Desplazamiento laboral	16%	Fabricación	2023	McKinsey y Compañía
Prejuicios en la IA	24%	Sanidad	2022	Harvard Business Review
Cuestiones de privacidad	35%	Finanzas	2023	Centro de Investigación Pew
Falta de responsabilidad	22%	Tecnología	2022	Foro Económico Mundial
Vigilancia y seguimiento	30%	Venta al por menor	2023	Revista Internacional de Gestión de la Información

Preocupaciones éticas en torno al despliegue de la IA

Responsabilidad de los desarrolladores de IA

La aparición de agentes subraya la acuciante necesidad de marcos éticos sólidos que guíen a los desarrolladores en su creación y despliegue. A medida que se amplían las capacidades de estos sistemas, los desarrolladores se encuentran en una intersección fundamental entre el avance tecnológico y el impacto social. Es crucial que quienes participan en el desarrollo de la IA reconozcan su responsabilidad no sólo en la elaboración de algoritmos eficientes, sino también en garantizar que estas tecnologías sean equitativas y no discriminatorias. La propensión de la IA a perpetuar los prejuicios existentes exige un examen minucioso de los conjuntos de datos de entrenamiento, que pueden codificar inadvertidamente las desigualdades sociales. Las consideraciones éticas deben informar todos los aspectos del proceso de desarrollo, desde la concepción hasta la aplicación, ya que los desarrolladores ejercen una influencia sustancial sobre las posibles ramificaciones en el empleo, la privacidad y las estructuras sociales en general.

La responsabilidad de los desarrolladores va más allá de la mera creación de sistemas de IA funcionales; abarca el fomento de la transparencia y la responsabilidad dentro de la tecnología. A medida que los sistemas automatizados toman cada vez más decisiones que afectan a las personas y a las comunidades, la falta de claridad sobre su funcionamiento puede generar desconfianza y descontento social. Los desarrolladores deben dar prioridad al desarrollo de modelos de IA explicables que proporcionen información sobre sus procesos de toma de decisiones, permitiendo así a los usuarios comprometerse críticamente con la tecnología. Esta transparencia permitirá a las partes interesadas, incluidos los reguladores y el público, comprender cómo y por qué se hacen determinadas conclusiones o recomendaciones. Esta divulgación proactiva es esencial para mitigar las consecuencias no deseadas del despliegue de la IA, que podrían ir desde el desplazamiento de puestos de trabajo hasta cambios en la dinámica del poder económico derivados del acceso desigual a la tecnología.

A la luz de las posibles perturbaciones que los agentes pueden catalizar en el empleo global, los desarrolladores deben participar activamente en el discurso en torno a la adaptación y el reciclaje de la mano de obra. La rápida integración de las tecnologías de IA plantea importantes retos a los mercados de trabajo tradicionales, lo que exige una urgente recalibración de las estrategias de desarrollo de la mano de obra. Los desarrolladores están en una posición única para contribuir a esta conversación colaborando con las instituciones educativas y los responsables políticos en el diseño de programas de formación que doten a los trabajadores de habilidades relevantes para un panorama laboral en evolución. Al anticiparse al déficit de cualificaciones que puede surgir de la implantación de la IA, los desarrolladores pueden ayudar a facilitar una transformación más suave, minimizando los efectos adversos sobre el empleo y maximizando al mismo tiempo los beneficios del progreso tecnológico. Participar en estos esfuerzos de colaboración no es sólo una obligación ética para los desarrolladores de IA, sino también un imperativo estratégico para garantizar que la sociedad pueda aprovechar todo el potencial de la IA sin sacrificar la estabilidad económica y los medios de vida individuales.

Percepción pública de la ética de la IA

La exploración de la ética de la IA en el discurso público revela un paisaje complejo conformado por una serie de preocupaciones y esperanzas sociales. La integración de la IA en la vida cotidiana ha suscitado debates cruciales en torno a las implicaciones morales de su despliegue. Muchas personas expresan su ansiedad por cuestiones como la privacidad, la responsabilidad y la parcialidad de los algoritmos de IA, temiendo que estas tecnologías puedan perpetuar las desigualdades sociales existentes o introducir nuevas formas de discriminación. Los ciudadanos son cada vez más conscientes de los fallos del pasado en la supervisión ética, lo que lleva a pedir marcos reguladores integrales que garanticen un uso responsable de la IA. Esta aprensión colectiva se ve amplificada por incidentes muy publicitados de fallos de IA o aplicaciones poco éticas, que subrayan la necesidad de generar confianza entre los usuarios. Comprender estas percepciones públicas es fundamental, ya que en última instancia darán forma a las políticas y directrices que rigen el desarrollo y la aplicación de la IA, informando sobre cómo estas tecnologías sirven a la sociedad en el futuro. No se puede subestimar el papel de la educación y la concienciación pública en la formación de percepciones éticas sobre la IA. A medida que la IA sigue evolucionando, es esencial que la población esté mejor informada sobre sus capacidades y limitaciones. Las iniciativas educativas diseñadas para desmitificar la IA y su mecánica operativa fomentan el pensamiento crítico y los debates informados sobre las ramificaciones éticas de su aplicación. Una mayor alfabetización sobre la IA ayuda a mitigar el miedo y los malentendidos, permitiendo que el público se comprometa de forma significativa con los dilemas éticos que plantean estas tecnologías. Este enfoque proactivo de la educación puede cultivar una cultura de transparencia, en la que las personas se sientan capacitadas para expresar sus dudas sobre la ética de la IA. Así pues, las instituciones y organizaciones educativas tienen ante sí el reto de impartir planes de estudios que hagan hincapié en los marcos éticos junto con los aspectos técnicos de la IA, garantizando que tanto los futuros innovadores como los usuarios puedan navegar por las complejidades de este panorama tecnológico de forma responsable. La percepción pública de la ética de la IA tiene un profundo impacto en la forma en que las empresas y los responsables políticos enfocan la implantación de los agentes. Una percepción negativa puede llevar a un mayor escrutinio y oposición a las tecnologías de IA, obstaculizando en consecuencia la innovación y la adopción. Por otra parte, cuando el sentimiento público se inclina hacia una visión optimista -alimentada por escenarios en los que la IA aumenta la productividad y mejora la calidad de vida- es más probable que las partes interesadas inviertan en soluciones impulsadas por la IA.

Las empresas que se esfuerzan por integrar la IA de forma responsable deben dar prioridad a las consideraciones éticas en sus procesos de desarrollo, garantizando así que sus estrategias se ajusten a los valores y expectativas de la sociedad. Al comprometerse abiertamente con el público sobre las dimensiones éticas de la IA, las empresas pueden generar confianza, fomentar la aceptación y promover relaciones de colaboración con los consumidores. A medida que evolucione el panorama laboral mundial en respuesta a los avances de la IA, la percepción pública seguirá siendo un factor fundamental que influirá tanto en la trayectoria de las tecnologías de IA como en los marcos sociales que apoyen su integración en la fuerza de trabajo.

Grupo de edad del encuestado	Apoyar una normativa estricta	Preocupado por la pérdida de empleo	Creer que la IA puede ser ética
18-24	65%	70%	50%
25-34	72%	65%	60%
35-44	68%	75%	55%
45-54	70%	68%	57%
55+	74%	80%	45%

Resultados de la encuesta sobre la percepción pública de la ética de la IA

XIX. IA Y GLOBALIZACIÓN

La integración de agentes en diversos sectores ha catalizado una profunda transformación de los paradigmas laborales mundiales, remodelando la forma de percibir y realizar el trabajo. Los agentes, caracterizados por su capacidad para aprender de los datos y adaptar sus comportamientos en consecuencia, han surgido como poderosas herramientas que pueden optimizar la eficiencia y mejorar la productividad. Las implicaciones de estas innovaciones van mucho más allá de la mera automatización; están instigando un cambio en los requisitos de cualificación en todos los sectores. A medida que las organizaciones aprovechan cada vez más la IA para tareas como el análisis de datos, el servicio al cliente y la gestión de la cadena de suministro, la demanda de mano de obra tradicional fluctúa. En consecuencia, los trabajadores que antes desempeñaban funciones rutinarias y repetitivas pueden ver peligrar sus puestos, ya que la IA pueden realizar estas funciones con mayor rapidez y precisión. Esta dinámica plantea cuestiones críticas sobre la dirección de los mercados laborales en todo el mundo y las adaptaciones necesarias que deben emprender los trabajadores para seguir siendo relevantes en un panorama en evolución.

En medio de los retos que plantea la adopción de la IA, surgen al mismo tiempo oportunidades, lo que exige un examen holístico del panorama laboral. La proliferación de agentes ha allanado el camino para la creación de nuevas y diversas funciones laborales que hacen hincapié en la colaboración entre humanos e IA. Los especialistas en ciencia de datos y ética de la IA, por ejemplo, son cada vez más vitales, ya que las organizaciones se esfuerzan por aprovechar todo el potencial de estas tecnologías, manteniendo al mismo tiempo unas normas éticas. Sectores como la sanidad y las finanzas están experimentando una creciente demanda de profesionales capaces de interpretar eficazmente los conocimientos generados por la IA, transformando los datos en estrategias procesables. Este cambio subraya la creciente necesidad de una mano de obra que no sólo sea tecnológicamente competente, sino también adaptable e innovadora. En consecuencia, las instituciones educativas y los programas de formación deben recalibrar su oferta para dotar a las personas de las habilidades necesarias para prosperar en un mundo en el que confluyen la inteligencia humana y las capacidades artificiales. Aunque el potencial económico de los agentes parece significativo, no puede pasarse por alto el inminente espectro del desplazamiento de puestos de trabajo y la desigualdad. A medida que las empresas adoptan rápidamente estas tecnologías, pueden aumentar las disparidades entre los trabajadores altamente cualificados que pueden hacer frente a las exigencias cambiantes del mercado laboral y los trabajadores poco cualificados que pueden tener dificultades para encontrar nuevas oportunidades de empleo. Este escenario suscita preocupación por las implicaciones socioeconómicas más amplias de esta desigualdad, sobre todo en los países en desarrollo, donde la dependencia de la mano de obra poco cualificada sigue siendo elevada. Los responsables políticos deben hacer frente a la urgente necesidad de marcos sólidos que promuevan prácticas inclusivas a medida que la IA se integra más en la economía mundial. Abordar estos retos requerirá esfuerzos coordinados entre gobiernos, empresas e instituciones educativas para garantizar que los beneficios del avance de la IA se

distribuyan equitativamente, permitiendo a las personas de todos los sectores adaptarse e innovar en respuesta a los cambios
revolucionarios que introducen los agentes.

Impacto de la IA en los mercados laborales mundiales

El ascenso de los agentes ha introducido una profunda transformación en diversos mercados laborales, alterando fundamentalmente la forma en que se realizan las tareas en numerosos sectores. Sus capacidades, basadas en el aprendizaje automático y el procesamiento de datos en tiempo real, permiten aumentar la eficiencia y la productividad. En campos como la logística y la fabricación, por ejemplo, la IA son capaces de optimizar la gestión de la cadena de suministro mediante análisis predictivos, reduciendo drásticamente los costes y mejorando los flujos de trabajo operativos. La automatización de tareas rutinarias tradicionalmente realizadas por humanos libera ahora a los trabajadores para que se dediquen a funciones más estratégicas, fomentando la innovación y conduciendo potencialmente al crecimiento económico. Sin embargo, este cambio no se produce sin repercusiones significativas; las mismas eficiencias que hacen atractiva la IA a menudo se producen a costa del desplazamiento de la mano de obra, creando una brecha cada vez mayor entre los que poseen las habilidades necesarias para prosperar en una economía impulsada por la tecnología y los que no.

Las implicaciones de la integración de la IA van más allá del aumento inmediato de la eficiencia, ya que configuran el futuro panorama de la disponibilidad de puestos de trabajo y la propia naturaleza del trabajo. Aunque las tecnologías de IA generan nuevas oportunidades en puestos digitales y centrados en los datos, al mismo tiempo desplazan a muchos puestos tradicionales, sobre todo en sectores poco cualificados. El sector de la atención al cliente ejemplifica esta dicotomía; los chatbots y asistentes virtuales impulsados por la IA agilizan las interacciones con los clientes, lo que permite a las empresas reducir los costes operativos manteniendo la calidad del servicio. Sin embargo, este cambio tecnológico amenaza los puestos de trabajo que dependen de la interacción humana, cambiando fundamentalmente el panorama laboral. A medida que las empresas implementan cada vez más soluciones de IA, el mercado laboral se enfrenta a la presión de adaptarse, lo que provoca posibles divisiones sociales basadas en la adquisición de habilidades y la alfabetización digital. Esta situación exige una reevaluación de los programas educativos y de formación para salvar las distancias y preparar a la mano de obra para un mercado laboral en evolución. De cara al futuro, el impacto sostenido de los agentes en los mercados laborales mundiales presenta tanto oportunidades como retos. A medida que la IA siga evolucionando, es probable que las industrias experimenten una transformación continua, que requerirá respuestas ágiles por parte de los responsables políticos, las empresas y los individuos. El potencial de creación de empleo en la gobernanza de la tecnología y la IA sigue siendo significativo, pero varía mucho según las regiones y los sectores. En consecuencia, deben desarrollarse estrategias para mitigar los efectos adversos del desplazamiento de puestos de trabajo, al tiempo que se mejora el acceso a los programas de formación y recualificación. La conversación en torno a la renta básica universal y otras redes de seguridad cobra impulso a medida que las sociedades se enfrentan a las realidades de una economía impulsada por la IA. Hacer hincapié en las políticas de adaptación y en la inversión con visión de futuro en capital humano será fundamental para garantizar que los beneficios de la integración de la IA se compartan ampliamente, preservando la equidad social y promoviendo al mismo tiempo un crecimiento económico sostenible en un mundo cada vez más automatizado.

Año	Desplazamiento de puestos de trabajo (millones)	Creación de empleo (millones)	Impacto neto (millones)	Fuente
2020	14	10	-4	Instituto Global McKinsey
2021	15	12	-3	Foro Económico Mundial
2022	18	13	-5	OCDE
2023	20	15	-5	Foro Económico Mundial

Impacto de la IA en los mercados laborales mundiales

Tendencias de empleo transfronterizo

La integración de los agentes en el mercado laboral ha surgido como una fuerza transformadora, especialmente evidente en las tendencias del empleo transfronterizo. Las empresas aprovechan cada vez más las tecnologías de IA para optimizar sus operaciones, lo que conlleva la consiguiente reducción del número de funciones tradicionales, al tiempo que aumenta la demanda de profesiones centradas en la tecnología. Los agentes, con su capacidad para analizar grandes cantidades de datos y automatizar procesos, facilitan las colaboraciones transfronterizas al permitir a las empresas operar en diversos lugares sin necesidad de una presencia física sustancial. Como resultado, se observa un cambio en el que las empresas pueden contratar talentos independientemente de las fronteras geográficas, rompiendo las barreras tradicionales del empleo. Esta transformación fomenta una mano de obra más integrada globalmente, exigiendo adaptabilidad a los empleados para comprometerse con las nuevas tecnologías y las condiciones de trabajo a distancia. Un aspecto esencial de esta tendencia incluye la expansión de la economía gig, en la que los autónomos acceden ahora a mercados de trabajo internacionales facilitados por plataformas de IA. El trabajo que antes estaba restringido por las condiciones económicas locales es ahora accesible a una gama más amplia de profesionales de todo el mundo, lo que permite que diversos conjuntos de habilidades contribuyan a proyectos de varios sectores. Esta evolución no sólo capacita a las personas de los países en desarrollo para participar en la economía mundial, sino que también permite a las empresas obtener talento a precios competitivos. Sin embargo, este escenario presenta tanto oportunidades como retos; mientras aumentan la diversificación de habilidades y la participación económica, la seguridad laboral disminuye para muchos. A medida que las organizaciones adoptan plataformas impulsadas por la IA, a menudo favorecen los contratos a corto plazo frente al empleo permanente, lo que conduce a un entorno laboral precario que carece de estabilidad y prestaciones, sobre todo para quienes trabajan en países de renta baja.

A medida que las tendencias del empleo transfronterizo siguen remodelando el panorama laboral mundial, es fundamental comprender las implicaciones de estos cambios. La mano de obra está evolucionando rápidamente hacia funciones que hacen hincapié en la competencia tecnológica, lo que requiere una formación y actualización continuas para seguir siendo competitiva. Los trabajadores deben cultivar el conocimiento de las tendencias emergentes relacionadas con la IA en sus respectivos campos para aprovechar eficazmente el potencial de estas nuevas tecnologías. A la inversa, el desplazamiento de las funciones laborales tradicionales puede exacerbar las desigualdades existentes, afectando especialmente a quienes no pueden hacer la transición a los nuevos conjuntos de aptitudes. Las estrategias integrales, incluida la inversión pública y privada en programas de formación, son esenciales para preparar a la mano de obra para estos cambios inminentes. Dando prioridad a la educación y a las reformas políticas, las partes interesadas pueden fomentar un panorama laboral inclusivo que acoja los avances provocados por la IA, mitigando al mismo tiempo sus consecuencias potencialmente perturbadoras.

El papel de la IA en el desarrollo económico

La llegada de los agentes está remodelando el panorama del desarrollo económico, introduciendo mecanismos innovadores de eficiencia y productividad. A medida que estos agentes trabajan mediante sofisticados algoritmos y capacidades de procesamiento de datos, mejoran la eficacia operativa en diversas industrias. Al aprovechar el aprendizaje automático, la IA pueden analizar grandes cantidades de datos en tiempo real, lo que permite a las empresas tomar decisiones informadas con rapidez. Esta transformación es especialmente evidente en sectores como la logística y la fabricación, donde la automatización inteligente permite racionalizar las cadenas de suministro y optimizar la asignación de recursos. Las empresas pueden lograr una mayor precisión en la gestión de inventarios y los programas de producción, reduciendo así los residuos y aumentando los márgenes de beneficio. Mediante estas capacidades, los agentes no sólo refuerzan los resultados económicos, sino que también permiten a las empresas seguir siendo competitivas en un mercado interconectado globalmente. Esta evolución tecnológica representa un cambio hacia modelos económicos basados en datos, en los que la previsión estratégica se fundamenta en análisis mejorados por la IA.

Aunque la integración de los agentes en la mano de obra anuncia nuevas vías para la actividad económica, al mismo tiempo suscita preocupaciones sustanciales en relación con el desplazamiento de puestos de trabajo. La automatización tiende a sustituir las tareas que antes realizaban los humanos, sobre todo las que son repetitivas o requieren un compromiso cognitivo mínimo. Este cambio puede dar lugar a una notable disminución de las oportunidades de empleo tradicionales, generando

219

ansiedad tanto entre los trabajadores como entre las partes interesadas. Los sectores de la hostelería y la atención al cliente, a menudo muy dependientes de la interacción humana, están experimentando cambios significativos a medida que los chatbots y los asistentes virtuales impulsados por IA se convierten en algo habitual. A medida que estos agentes gestionan eficientemente las consultas rutinarias, disminuye la demanda de mano de obra humana, lo que puede provocar un aumento de las tasas de desempleo. Este fenómeno subraya la naturaleza de doble filo del avance tecnológico: mientras que la productividad puede aumentar, el riesgo de exacerbar las disparidades de ingresos y las desigualdades sociales se convierte en un problema acuciante que los responsables políticos deben abordar. La trayectoria futura de los agentes en el mercado laboral presenta tanto oportunidades de crecimiento como retos que requieren una cuidadosa consideración. A medida que surjan nuevas funciones en el mantenimiento de la IA y el análisis de datos, la mano de obra necesitará reciclaje y perfeccionamiento para adaptarse a esta dinámica cambiante. Esta evolución exige invertir en programas de educación y formación para dotar a las personas de las competencias necesarias para prosperar en una economía cada vez más automatizada. Los responsables políticos y las empresas desempeñan un papel esencial a la hora de facilitar esta transición, garantizando que los trabajadores no se queden atrás en un mercado laboral en rápida transformación. Aplicando políticas laborales progresistas y fomentando la colaboración entre los sectores público y privado, las sociedades pueden aprovechar los aspectos positivos de la integración de la IA al tiempo que mitigan los efectos adversos del desplazamiento de puestos de trabajo. El diálogo en curso en torno a las implicaciones de los agentes es fundamental para dar forma a un futuro equitativo en el que la tecnología sirva de herramienta para el desarrollo económico inclusivo, en lugar de ser un catalizador de la disparidad.

XX. LA IA EN LA EDUCACIÓN Y LA FORMACIÓN

La integración de la IA en los entornos educativos está remodelando el panorama del aprendizaje y la formación, ofreciendo metodologías innovadoras que mejoran tanto la enseñanza como el compromiso de los alumnos. Las plataformas impulsadas por la IA aprovechan sofisticados algoritmos de aprendizaje automático para personalizar la experiencia de aprendizaje, adaptando los contenidos a las necesidades individuales de los alumnos. En lugar de un plan de estudios de talla única, las tecnologías de aprendizaje adaptativo analizan el rendimiento del alumno en tiempo real, ajustando la dificultad y el estilo del material para optimizar la comprensión y la retención. Esta personalización tiene implicaciones de gran alcance, sobre todo para alumnos con diversos antecedentes y distintos niveles de aptitud. Al participar con contenidos diseñados específicamente para su ritmo de aprendizaje, los alumnos se sienten más capacitados y motivados, lo que conduce a una mejora de los resultados educativos. Así pues, la aplicación de la IA no sólo mejora la calidad de la educación, sino que también sirve como poderosa herramienta para reducir las diferencias de rendimiento entre los distintos grupos demográficos, alterando fundamentalmente el paradigma educativo tradicional.

A medida que el lugar de trabajo da cada vez más prioridad a las habilidades digitales y a la fluidez tecnológica, el papel de la IA en la formación y el desarrollo de la mano de obra adquiere mayor importancia. Las empresas reconocen la necesidad de dotar a los empleados de las capacidades necesarias para navegar por un mercado laboral en evolución caracterizado por constantes avances tecnológicos. La IA pueden facilitar este proceso analizando las carencias de capacidades y creando programas de formación a medida que se ajusten tanto a los objetivos individuales como a los de la organización. Utilizando el análisis predictivo, la IA puede identificar las tendencias emergentes del sector y recomendar módulos de formación que preparen a los empleados para los retos futuros. Este enfoque proactivo no sólo mejora la satisfacción y la retención de los empleados, sino que también refuerza la competitividad organizativa en una economía global. En este sentido, la revolución de la IA en la formación no sólo apoya el aprendizaje permanente, sino que también subraya la importancia de la adaptabilidad en un entorno laboral que cambia rápidamente, ilustrando cómo la educación y el empleo se están entrelazando a través de la tecnología.

Afrontar los retos que plantean el aumento de la automatización y la proliferación de agentes exige una reevaluación exhaustiva de las políticas y los marcos educativos. A medida que ciertos empleos tradicionales se vuelven obsoletos, existe una necesidad acuciante de que las instituciones educativas pivoten hacia el desarrollo de habilidades blandas críticas, creatividad y capacidad para resolver problemas que sean menos susceptibles a la automatización. En consecuencia, un énfasis en los enfoques interdisciplinarios que fusionen la formación técnica con las artes y las humanidades podría fomentar un conjunto de habilidades más holístico en los graduados. Para garantizar un acceso equitativo a las oportunidades de educación y formación mejoradas por la IA, es esencial que los responsables políticos y los líderes educativos aboguen por plataformas inclusivas y accesibles. Abordar estas disparidades es vital para minimizar el riesgo de que aumente la desigualdad, ya que quienes tienen un acceso limitado a los recursos tecnológicos pueden encontrarse en desventaja en el mercado laboral mundial. Reajustar las iniciativas educativas para aprovechar el potencial de la IA no sólo prepara a las personas para futuros empleos, sino que también contribuye a una sociedad más equitativa en la que todas las personas puedan prosperar.

El papel de la IA en el desarrollo de habilidades

La aparición de las tecnologías de IA ha provocado una profunda transformación en varios aspectos del desarrollo de competencias, sobre todo en la mano de obra. Los agentes, dotados de aprendizaje automático y análisis predictivo, están revolucionando la forma en que las personas adquieren y perfeccionan sus habilidades. Estas tecnologías permiten experiencias de aprendizaje personalizadas que se adaptan a las necesidades únicas y al progreso de cada usuario, posibilitando un sistema educativo más eficiente que se alinea con el mercado laboral en rápida evolución. Los programas de formación pueden aprovechar la IA para evaluar la competencia de una persona en áreas específicas, creando así itinerarios de aprendizaje específicos que se centren en las carencias de competencias y en las demandas futuras. Este cambio dinámico no sólo agiliza el proceso de aprendizaje, sino que también cultiva una mano de obra adaptable y equipada para afrontar los retos que plantean los avances tecnológicos, promoviendo eficazmente el crecimiento profesional continuo en un panorama cada vez más competitivo. La integración de la IA en las plataformas de desarrollo de habilidades también introduce métodos innovadores de retroalimentación y evaluación en tiempo real, que enriquecen la experiencia de aprendizaje. Los modelos educativos tradicionales a menudo se basan en evaluaciones periódicas, que pueden no reflejar las capacidades actuales de los alumnos o las áreas que necesitan mejorar. En cambio, los sistemas impulsados por la IA pueden proporcionar información instantánea y procesable, permitiendo a los alumnos realizar ajustes inmediatos en sus estrategias de aprendizaje. Mediante simulaciones y escenarios interactivos, los trabajadores pueden practicar y perfeccionar sus habilidades en un entorno seguro, fomentando una comprensión más profunda de conceptos y procedimientos complejos. Esta inmediatez en la retroalimentación no sólo capacita a los alumnos, sino que también aumenta su confianza, haciéndoles más propensos a participar en oportunidades de mejora de las cualificaciones. En consecuencia, el auge de la IA ejemplifica cómo la tecnología puede conducir a entornos de aprendizaje más eficaces y receptivos, salvando en última instancia la distancia entre los resultados educativos y las expectativas de los empleadores. Las implicaciones del papel de la IA en el desarrollo de competencias van más allá de los alumnos individuales, influyendo en estrategias organizativas más amplias de gestión del talento y planificación de la mano de obra. A medida que las empresas dan cada vez más prioridad a la adaptabilidad y la innovación, la demanda de empleados con competencias actualizadas se vuelve crítica. La IA puede ayudar a las organizaciones a identificar los niveles de competencias existentes entre sus empleados y prever las necesidades futuras basándose en las tendencias del sector. Este enfoque basado en los datos permite a las empresas diseñar iniciativas de formación específicas que no sólo mejoran el rendimiento de los empleados, sino que también se alinean con los objetivos empresariales. A medida que surgen nuevas profesiones junto con los avances tecnológicos, las organizaciones pueden aprovechar las herramientas de IA para facilitar culturas de aprendizaje continuo. De este modo, la IA no sólo transforma el desarrollo de habilidades, sino que también coloca a las organizaciones en una mejor posición para navegar por las complejidades del panorama laboral mundial, garantizando una mano de obra sostenible y ágil, preparada para las exigencias del mañana.

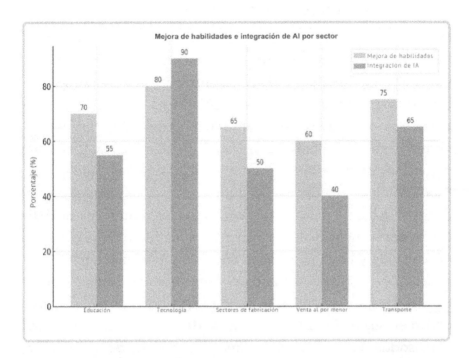

Mejora de habilidades e integración de AI por sector

El gráfico ilustra el porcentaje de mejora de las competencias y de integración de la IA en varios sectores, como la educación, la tecnología, la fabricación, el comercio minorista y el transporte. Cada sector muestra una comparación entre las dos métricas, destacando dónde son más pronunciados los avances en el desarrollo de habilidades y la implantación de la IA. El gráfico visualiza eficazmente la relación entre estos dos factores dentro de las distintas industrias, proporcionando información sobre sus respectivos avances.

Innovaciones en tecnologías educativas

Uno de los avances más significativos en las tecnologías educativas es el desarrollo de agentes, que han demostrado un potencial transformador en diversos entornos de aprendizaje. Estos sistemas inteligentes están diseñados para proporcionar experiencias educativas personalizadas, atendiendo a las necesidades y estilos de aprendizaje únicos de los alumnos. Utilizando algoritmos de aprendizaje automático, los agentes pueden analizar grandes cantidades de datos sobre el rendimiento y el compromiso de los alumnos, adaptando los materiales didácticos en consecuencia. Este enfoque personalizado no sólo mejora la retención y la comprensión, sino que también capacita a los educadores al aliviar la carga de tareas administrativas, permitiéndoles centrarse en fomentar la creatividad y el pensamiento crítico en sus aulas. La implantación de plataformas educativas impulsadas por la IA puede colmar las lagunas de aprendizaje, sobre todo para quienes viven en comunidades desatendidas; la accesibilidad a una educación de calidad se amplía más allá de las limitaciones geográficas y socioeconómicas. En consecuencia, los agentes no son meras herramientas complementarias, sino componentes esenciales para hacer evolucionar el panorama educativo. La integración de la tecnología de IA en la educación no sólo ha redefinido las funciones de los educadores, sino que también ha provocado una reevaluación explícita de los marcos pedagógicos empleados en las aulas. Los métodos tradicionales basados en clases magistrales están siendo suplantados cada vez más por modelos de aprendizaje experienciales e interactivos, facilitados por agentes que ofrecen retroalimentación y apoyo en tiempo real. Estas innovaciones promueven una atmósfera de aprendizaje activo en la que los alumnos se implican con el contenido de forma dinámica, en lugar de recibir información de forma pasiva. Con capacidades como las vías de aprendizaje adaptativo y las evaluaciones gamificadas, los agentes fomentan la interacción continua, garantizando que los estudiantes sigan implicados emocional e intelectualmente en su educación. Este cambio hacia un enfoque más centrado en el estudiante fomenta habilidades esenciales como la resolución de problemas y la colaboración, cada vez más buscadas en el cambiante mercado laboral. Así pues, la presencia de agentes en los entornos educativos está catalizando una amplia evolución en la forma de difundir y adquirir conocimientos. Navegar por las implicaciones de los agentes en la educación plantea inevitablemente preguntas sobre la mano de obra a la que influirán. A medida que estas tecnologías agilizan las operaciones y mejoran las experiencias de aprendizaje, instigan simultáneamente un diálogo crítico sobre el desplazamiento de puestos de trabajo y los conjuntos de aptitudes necesarios en un mercado laboral que cambia rápidamente. Aunque los agentes crean oportunidades para nuevas funciones, sobre todo en la tecnología educativa y el análisis de datos, también corren el riesgo de marginar puestos dependientes de las pedagogías tradicionales. El reto consiste en remodelar los planes de estudios educativos para dotar a los alumnos de las competencias necesarias para el éxito en medio de tales transiciones. Abarca no sólo las competencias técnicas, sino también las blandas, que siguen siendo insustituibles en un mundo dominado por la automatización. A medida que los marcos sociales se adaptan a estos cambios, las políticas concienzudas y el compromiso proactivo de los educadores, las empresas y las entidades gubernamentales serán cruciales para gestionar las fuerzas duales de la innovación y el cambio laboral. Así pues, la integración con éxito de los agentes en la educación representa tanto una oportunidad de crecimiento como un reto que requiere soluciones estratégicas globales.

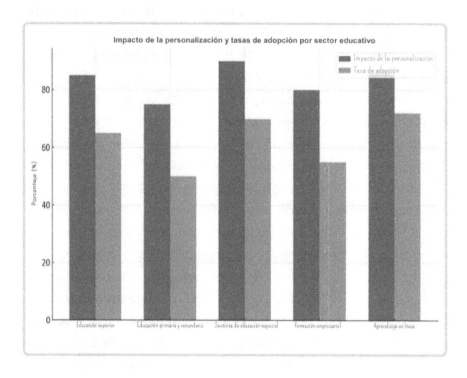

Este gráfico ilustra el impacto de la personalización y los índices de adopción en varios sectores educativos. Las barras azules representan el impacto porcentual de la personalización, mientras que las barras verdes representan los índices de adopción de cada sector, incluyendo la Educación Superior, la Educación K-12, la Educación Especial, la Formación Corporativa y el Aprendizaje Online. Esta comparación visual pone de relieve los distintos niveles de eficacia y aceptación de la personalización en estos sectores.

El futuro del aprendizaje con IA

La integración de la IA en los procesos de aprendizaje no es una mera tendencia pasajera; significa un cambio transformador en los paradigmas educativos. En el núcleo de esta evolución se encuentra la capacidad de los agentes para personalizar las experiencias de aprendizaje, adaptando el ritmo y el contenido a las necesidades individuales de los alumnos. Esta adaptabilidad permite a los educadores centrarse en fomentar el pensamiento crítico y la creatividad, ya que las tareas administrativas rutinarias pueden automatizarse mediante sistemas inteligentes. Estas innovaciones facilitan el desarrollo de un entorno de aprendizaje que se adapta a diversos estilos y capacidades de aprendizaje. Al aprovechar grandes cantidades de datos, la IA puede identificar patrones en el comportamiento de los alumnos, señalando las áreas que requieren apoyo adicional. Como resultado, los educadores pueden intervenir más eficazmente, proporcionando recursos y estrategias a medida, que no sólo mejoran el rendimiento académico, sino que también fomentan la confianza de los alumnos. Este enfoque personalizado marca una ruptura con los modelos educativos tradicionales de talla única, remodelando la forma en que se imparten y adquieren los conocimientos. El papel de la IA trasciende la mera personalización; también fomenta las experiencias de aprendizaje colaborativo. La IA puede actuar como catalizador de la interacción entre iguales, facilitando proyectos de grupo y debates adaptados a intereses específicos y perspectivas diversas. Mediante algoritmos inteligentes, estos agentes pueden agrupar a los estudiantes en función de las habilidades complementarias y las lagunas de conocimientos, maximizando la colaboración y el crecimiento mutuo. Las plataformas basadas en IA pueden analizar la dinámica de estas interacciones, proporcionando a los educadores conocimientos sobre el rendimiento y la dinámica del grupo que antes eran difíciles de obtener. Como resultado, la implementación de la IA en los entornos de aprendizaje no sólo mejora el aprendizaje individual, sino que también cultiva una comunidad de alumnos, contribuyendo a una experiencia educativa más rica. Este cambio representa un giro significativo en la gobernanza educativa, en la que la responsabilidad de la adquisición de conocimientos se convierte en un esfuerzo compartido, guiado por las capacidades analíticas de la IA y el toque humano de los educadores. Anticipar el futuro del aprendizaje con IA implica reconocer la evolución del papel de los educadores. A medida que los agentes asuman más responsabilidades en el procesamiento y el análisis de datos, el papel de los profesores se transformará significativamente. Los profesores se convertirán en facilitadores y mentores en lugar de meros proveedores de información. Este cambio fomenta el desarrollo profesional, exigiendo a los educadores que se adapten a las nuevas tecnologías y prácticas pedagógicas. La formación continua en las funcionalidades de la IA será esencial para que los educadores aprovechen estas herramientas con eficacia. En este contexto, la IA no sustituirá a los profesores, sino que aumentará sus capacidades, permitiéndoles centrarse en enriquecer la experiencia educativa mediante la participación de los alumnos en un diálogo más profundo y significativo. A medida que el panorama de la educación y el empleo evolucione con la integración de la IA, las instituciones tendrán que replantearse sus estrategias y planes de estudio, preparando tanto a los educadores como a los estudiantes para un mundo cada vez más automatizado. Este enfoque proactivo ayudará a garantizar que los beneficios del aprendizaje potenciado por la IA se extiendan a todos, fomentando la equidad en la educación y preparando a la mano de obra para las exigencias de un futuro definido por la integración tecnológica.

XXI. ACTITUD DE LA SOCIEDAD HACIA LA IA

A medida que se profundiza en los debates sobre el auge de los agentes, se reconoce cada vez más que las actitudes sociales son fundamentales para comprender la trayectoria de la adopción de la IA. El sentimiento público abarca un amplio espectro, desde una aceptación entusiasta hasta un escepticismo profundamente arraigado. Muchos individuos ven la IA como una herramienta revolucionaria capaz de mejorar la eficiencia y la productividad en diversos sectores. Esta perspectiva tiende a considerar el avance tecnológico como sinónimo de progreso, fomentando el optimismo sobre el potencial transformador de la IA para impulsar el crecimiento económico. Por el contrario, existe una parte significativa de la población que expresa su preocupación por las implicaciones de la IA en la seguridad laboral y la futura mano de obra. Esta aprensión suele estar arraigada en patrones históricos de disrupción tecnológica, en los que los avances han eliminado funciones tradicionales, lo que ha provocado subempleo y desigualdad económica. Así pues, las percepciones de la sociedad están determinadas tanto por el reconocimiento de los beneficios que puede aportar la IA como por una conciencia cautelosa de sus posibles consecuencias, lo que ilustra la compleja interacción entre esperanza y miedo que caracteriza las opiniones contemporáneas sobre la IA. El discurso en torno a la IA también se complica por los diversos contextos en los que operan estos agentes. Las opiniones públicas suelen diferir en función de factores como el estatus socioeconómico, el nivel educativo y la exposición a la tecnología. En particular, las personas que trabajan en los sectores más susceptibles a la automatización pueden mostrar una mayor resistencia a la integración de la IA, debido a la preocupación por el desplazamiento de puestos de trabajo. Por el contrario, quienes desempeñan funciones centradas en la tecnología o trabajan en sectores caracterizados por una rápida innovación pueden aceptar la IA como una oportunidad de crecimiento y promoción profesional en . Esta división pone de relieve la importancia de implicar a las distintas partes interesadas en los debates sobre la formulación de políticas y las estrategias de transición de la mano de obra. La educación desempeña un papel crucial en la formación de actitudes, ya que una mayor concienciación y comprensión de las tecnologías de IA puede desmitificar sus funciones y aliviar los temores. Fomentando un diálogo informado, la sociedad puede afrontar mejor los retos que plantean los agentes, al tiempo que aprovecha sus méritos, lo que en última instancia conduce a un enfoque más cohesionado de la gestión del cambio tecnológico.

El compromiso cívico y la política pública son componentes vitales en la configuración de las actitudes sociales hacia la IA, que influyen en la forma en que las comunidades perciben estas innovaciones y se adaptan a ellas. A medida que aumenta la concienciación sobre las cualidades transformadoras de la IA, se hace un llamamiento para que se tomen medidas proactivas que garanticen que el avance tecnológico está en consonancia con los valores sociales y las consideraciones éticas. Los esfuerzos para crear programas educativos integrales centrados en la alfabetización en IA pueden salvar la brecha de conocimientos, permitiendo a las personas comprender tanto las ventajas como las limitaciones de las tecnologías de IA. Es imprescindible que los responsables políticos apliquen marcos que promuevan la innovación y, al mismo tiempo, salvaguarden los derechos de los trabajadores y la seguridad laboral. Este doble enfoque fomenta el desarrollo de nuevas oportunidades laborales en campos emergentes, contrarrestando el potencial de desplazamiento que acompaña a la integración de la IA. La evolución de las actitudes sociales hacia la IA dependerá en gran medida de la interacción entre la innovación, la ética y el discurso público inclusivo, impulsando un cambio colectivo hacia un futuro que armonice la tecnología con el bienestar de la mano de obra y de la sociedad en general.

Percepción pública de los agentes

La llegada de los agentes ha encendido un espectro de percepciones públicas, que reflejan una compleja interacción de confianza, aprensión y potencial. A medida que estos agentes penetran cada vez más en la vida cotidiana, las personas se enfrentan a las implicaciones de sus funciones, que lo transforman todo, desde la asistencia sanitaria hasta el servicio de atención al cliente. Muchos ven el valor de la IA por su capacidad para realizar tareas repetitivas con eficacia, aumentando así la productividad y permitiendo que los trabajadores humanos se centren en tareas más creativas y complejas. Sin embargo, esta admiración va acompañada de un palpable sentimiento de temor; a los ciudadanos les preocupa a menudo la erosión de la seguridad laboral y las implicaciones éticas de depender de las máquinas para los procesos de toma de decisiones críticas. Esta dicotomía en el sentimiento público revela una incertidumbre fundamental sobre si los agentes serán aliados o adversarios en la fuerza de trabajo, lo que en última instancia determinará las actitudes hacia su integración en diversos sectores. La eficacia de los agentes depende en gran medida de su fiabilidad y transparencia percibidas. A medida que las organizaciones implementan estas tecnologías, la expectativa de rendición de cuentas se convierte en primordial para los usuarios. La percepción pública es especialmente sensible a los casos en que las decisiones de IA producen resultados desfavorables, como se ha visto en ámbitos como el diagnóstico sanitario o la aplicación de la ley. Las experiencias negativas tienden a amplificar el escepticismo y a alimentar las preocupaciones en torno a la opacidad de los algoritmos, lo que genera desconfianza entre los usuarios. En consecuencia, las empresas y los desarrolladores se ven obligados a comprometerse con consideraciones éticas, haciendo hincapié en la necesidad de directrices y normativas claras que rijan el despliegue de la IA. Al fomentar la transparencia en el funcionamiento de estos agentes, las partes interesadas pueden reforzar la confianza pública, facilitando en consecuencia una integración más fluida en las estructuras laborales existentes. Esta transición es vital para mitigar las ansiedades que rodean al desplazamiento laboral y establecer un diálogo más informado sobre el futuro papel de la IA en la sociedad. La intersección de la percepción pública y los agentes influye significativamente en la elaboración de políticas y estrategias de adaptación de la mano de obra. Los legisladores se enfrentan a un doble reto: proteger a los trabajadores de posibles desplazamientos y, al mismo tiempo, fomentar la innovación que estimule el crecimiento económico. Un conocimiento profundo de la opinión pública no sólo ayuda a elaborar políticas que aborden los temores actuales, sino también a promover iniciativas educativas para dotar a la mano de obra existente de las habilidades necesarias para prosperar junto con los avances de la IA. Al alinear las políticas laborales con las realidades de la tecnología emergente, los responsables de la toma de decisiones pueden facilitar transiciones más fluidas para los trabajadores afectados y catalizar la creación de nuevos sectores laborales basados en capacidades mejoradas de IA. Este enfoque proactivo subraya la importancia del compromiso público en la configuración del futuro del empleo, promoviendo una visión compartida de una economía que armonice la creatividad humana con la precisión de la tecnología de IA. A medida que el diálogo en torno a la IA sigue evolucionando, también deben hacerlo los marcos que rigen su impacto en el empleo mundial.

Diferencias culturales en la aceptación de la IA

El discurso en torno a la aceptación de la IA está profundamente entrelazado con los paradigmas culturales que conforman las actitudes individuales y colectivas hacia la tecnología. Diversas sociedades muestran distintos niveles de confianza en los avances tecnológicos, lo que influye en su apertura a la IA. Los países con un fuerte énfasis en el colectivismo, como suele ocurrir en muchas culturas asiáticas, pueden mostrar un mayor nivel de aceptación hacia los agentes, al considerarlos herramientas que mejoran la productividad y la eficacia de la comunidad. Por el contrario, las culturas con una orientación más individualista, como las que predominan en algunas partes de Norteamérica y Europa, podrían expresar escepticismo hacia la IA, sobre todo en contextos en los que la privacidad y la autonomía personal son primordiales. Esta divergencia subraya cómo las dimensiones culturales -como la evitación de la incertidumbre y la distancia de poder- actúan como filtros a través de los cuales la gente evalúa los beneficios y los riesgos asociados a las IA. La aceptación de la IA en diversos contextos refleja también las experiencias históricas y las condiciones económicas propias de cada cultura. Las naciones que se han enfrentado a importantes trastornos económicos o al desplazamiento de puestos de trabajo debido a la automatización pueden manifestar un enfoque más cauteloso respecto al despliegue de la IA. Las regiones con un legado de declive industrial pueden albergar desconfianza hacia las tecnologías de IA, temiendo que estos agentes exacerben las desigualdades económicas existentes. Por otro lado, las naciones que han integrado con éxito la tecnología en sus economías, como las escandinavas, suelen mostrar un alto nivel de aceptación de la IA, considerando el avance tecnológico como una vía para mejorar la calidad de vida. Esta divergencia pone de relieve el papel de las narrativas nacionales en la configuración de las percepciones de la IA; estas narrativas influyen en la política pública y, en consecuencia, en la trayectoria de desarrollo de la integración de la IA en la mano de obra. Las actitudes culturales hacia la IA también se manifiestan en los marcos normativos que rigen el despliegue de la tecnología en los distintos países. Algunas culturas abogan por normativas estrictas para salvaguardar el empleo y los datos personales, lo que refleja un compromiso social más amplio con los derechos de los trabajadores y las consideraciones éticas. Por el contrario, otras culturas pueden dar prioridad a la innovación y al crecimiento económico por encima de la cautela normativa, promoviendo un entorno en el que la tecnología de IA pueda florecer con menos restricciones. La tensión entre regulación e innovación puede influir en la competitividad global de un país, afectando a su capacidad para atraer talento e inversión en el sector tecnológico. Por lo tanto, comprender las diferencias culturales en la aceptación de la IA es vital para las partes interesadas que navegan por el panorama mundial, ya que estas diferencias dictan no sólo cómo se integra la IA en las distintas economías, sino también cómo se adapta la mano de obra a los cambios inevitables provocados por la proliferación de agentes.

País	Tasa de aceptación	Preocupación por la pérdida de empleo	Inversión en IA
Estados Unidos	72%	58%	18.6
Japón	86%	49%	7.6
Alemania	62%	75%	5.5
China	88%	39%	27.1
India	80%	45%	10.9

Diferencias culturales en la aceptación de la IA

Representación mediática de la IA

La representación de la IA en los medios de comunicación ha desempeñado un papel fundamental en la formación de las percepciones públicas, oscilando a menudo entre narraciones utópicas y distópicas. Estas representaciones suelen exagerar las capacidades y los riesgos inminentes asociados a los agentes, contribuyendo así a polarizar las opiniones. Las películas taquilleras y las series de televisión populares suelen ilustrar la IA como seres sensibles o analistas de datos omnipotentes, infundiendo miedo o temor en el público. Por el contrario, los documentales y reportajes pueden presentar una perspectiva más fundamentada, destacando los beneficios tangibles que ofrecen estas tecnologías en diversos sectores. Esta dualidad refleja la ambivalencia de la sociedad hacia el avance tecnológico, que se ve exacerbada por el sensacionalismo que eclipsa los debates matizados. A medida que avanzan las tecnologías de IA, el papel de los medios de comunicación en la difusión de información precisa es cada vez más crucial para fomentar un discurso público informado y orientar las respuestas políticas a las implicaciones de la IA en el empleo y más allá.

Las imágenes y la narrativa de los medios de comunicación suelen conformar los relatos sociales en torno a la tecnología de IA. Estas narrativas pueden promover una comprensión de los agentes como herramientas innovadoras que mejoran las capacidades humanas o reforzar los temores a la sustitución de puestos de trabajo y a la deshumanización de la mano de obra. Géneros como la ciencia ficción exploran con frecuencia las implicaciones filosóficas de la IA, planteando cuestiones sobre la autonomía, la agencia y la ética. Tales exploraciones resuenan

entre los espectadores, y a menudo conducen a una mayor concienciación y curiosidad sobre el papel de la IA en diversas industrias. Por otra parte, las representaciones sensacionalistas
pueden provocar un sentimiento erróneo de aversión hacia la
automatización, influyendo así en la política de licencias pub y
en el comportamiento de los consumidores. Cuando los medios
de comunicación se centran exclusivamente en los peores escenarios, corren el riesgo de eclipsar las profundas formas en que
la IA puede aliviar la escasez de mano de obra o mejorar la
productividad, limitando así el apoyo público a las políticas que
facilitan una transición más suave hacia una economía rica en
IA. El reto consiste en salvar la distancia entre la representación
de los medios de comunicación y las realidades de los agentes
y sus implicaciones para el mercado laboral. Mientras que la
programación informativa puede fomentar una visión equilibrada, las narraciones sensacionalistas suelen suscitar respuestas emocionales que complican el discurso racional en torno a
la IA. Las narrativas elaboradas a través de los medios de comunicación no sólo afectan a la percepción pública, sino que
también influyen en las decisiones empresariales y las políticas
gubernamentales relativas a la implantación de la IA. Mientras
las partes interesadas lidian con el arma de doble filo del
avance tecnológico, es esencial que las representaciones de los
medios de comunicación evolucionen para reflejar tanto los beneficios potenciales como los retos. Lograr este equilibrio requerirá la colaboración entre tecnólogos, especialistas en ética y
comunicadores para cultivar una narrativa que capacite a las
personas y a las instituciones para adoptar la revolución en
curso de la IA, al tiempo que se abordan las preocupaciones

válidas relacionadas con el empleo y la equidad social. Fomentando una mejor comprensión de las capacidades de la IA, podemos navegar por la compleja interacción entre innovación y seguridad en el contexto del empleo global.

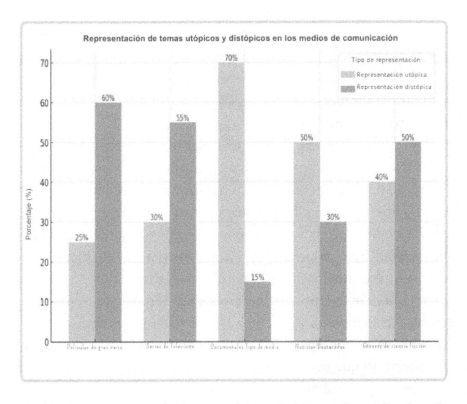

El gráfico ilustra la representación de temas utópicos y distópicos en diversos tipos de medios de comunicación. Compara el porcentaje de representaciones utópicas frente a las distópicas en cinco categorías: Películas taquilleras, Series de televisión, Documentales, Reportajes y Géneros de ciencia ficción. Los datos revelan que los Documentales tienen el mayor porcentaje de representaciones utópicas, con un 70%, mientras que las Películas de gran éxito de taquilla tienen una representación distópica dominante, con un 60%. Por el contrario, los Reportajes muestran una representación equilibrada de ambos temas.

XXII. CASOS PRÁCTICOS DE APLICACIÓN DE LA IA

La integración de los agentes en diversos sectores se caracteriza por estudios de casos transformadores que ejemplifican tanto los avances tecnológicos como los cambios resultantes en la dinámica del empleo. Un ejemplo destacado es la utilización de la IA en los sectores de atención al cliente a través de asistentes virtuales y chatbots. Empresas como Amazon e IBM han adoptado estos sistemas de IA para agilizar las operaciones, mejorar la interacción con los clientes y proporcionarles asistencia inmediata. Estos agentes inteligentes aprovechan los algoritmos de aprendizaje automático para analizar grandes cantidades de datos, atender rápidamente las consultas de los clientes y resolver los problemas sin intervención humana. Aunque estas innovaciones han mejorado significativamente la satisfacción del cliente y reducido los costes operativos, también han provocado un notable declive de las funciones tradicionales de atención al cliente. Los empleados encargados de atender las consultas rutinarias se enfrentan a retos a medida que la IA asume estas funciones, lo que suscita intensos debates sobre la redundancia de puestos de trabajo y la transformación de competencias en la mano de obra.

Cambiando el enfoque al sector de la logística, el estudio de casos de empresas que emplean la IA para optimizar la cadena de suministro subraya los profundos cambios en los patrones de empleo. Organizaciones como DHL y FedEx han integrado algoritmos predictivos avanzados y análisis de datos en tiempo real en sus operaciones, lo que permite un seguimiento eficaz, la gestión de inventarios y la previsión de la demanda. Estas tecnologías permiten a las empresas operar con mayor eficacia, reduciendo los retrasos y los errores, al tiempo que mejoran la productividad general. Sin embargo, los beneficios vienen acompañados de importantes implicaciones para la mano de obra, ya que los sistemas impulsados por la IA pueden desplazar funciones tradicionalmente relacionadas con el control de inventarios y la logística de envíos. Los empleados de estas áreas deben adquirir nuevas habilidades en la gestión de datos y el mantenimiento de la IA, lo que plantea cuestiones sobre los programas de reciclaje de la mano de obra y las adaptaciones del sistema educativo para preparar a los trabajadores para un panorama laboral en evolución.

El sector sanitario ofrece otro caso convincente de aplicación de la IA, en el que las tecnologías se utilizan cada vez más para el diagnóstico, el seguimiento de los pacientes y la medicina personalizada. Organizaciones como la Clínica Mayo han empezado a emplear algoritmos de IA para analizar imágenes médicas y predecir los resultados de los pacientes, lo que ha mejorado la precisión de los planes de tratamiento y la eficiencia operativa. Aunque estos avances prometen mejorar la prestación de asistencia sanitaria y reducir potencialmente los costes, también ponen de relieve un cambio significativo en las funciones laborales. Los profesionales de la medicina pueden encontrarse con que sus funciones cambian de la interacción directa con el paciente a funciones más analíticas, lo que les obliga a colaborar con la IA en lugar de limitarse a prestar asistencia. Esta transición plantea el doble reto de un posible desplazamiento del puesto de trabajo y de una oportunidad para mejorar el desarrollo de las capacidades, lo que exige una reevaluación crítica de cómo pueden evolucionar los programas de educación y formación médicas para satisfacer las necesidades de un entorno cada vez más tecnológico.

Proyectos de IA con éxito en varias industrias

El rápido avance de la tecnología de IA ha catalizado proyectos transformadores en diversos sectores, alterando fundamentalmente la dinámica operativa y mejorando la eficiencia. En el sector sanitario, se están empleando algoritmos de IA para analizar grandes conjuntos de datos, lo que ayuda a diagnosticar enfermedades y a tratar a los pacientes. En particular, los sistemas basados en IA pueden procesar imágenes médicas mucho más rápidamente que los profesionales humanos, reduciendo así el tiempo necesario para detectar enfermedades como el cáncer. Estos sofisticados sistemas no sólo mejoran la precisión de los diagnósticos, sino que también ayudan a los profesionales sanitarios proporcionándoles información práctica basada en el análisis de datos en tiempo real. La integración de la IA en la monitorización de la salud mediante tecnologías vestibles ha capacitado a los pacientes para hacerse cargo de su salud, proporcionándoles evaluaciones continuas que antes eran inalcanzables. Este cambio no sólo mejora los resultados de los pacientes, sino que altera el panorama laboral, creando nuevas oportunidades para los científicos de datos y los especialistas en TI, al tiempo que redefine las funciones del personal médico. El sector logístico también ha sido testigo de una revolución impulsada por las aplicaciones de IA que optimizan las operaciones de la cadena de suministro. Las herramientas analíticas impulsadas por la IA son ahora fundamentales en la gestión de inventarios, la optimización de rutas y la previsión de la demanda, lo que conlleva importantes reducciones de costes y una mejor prestación de servicios. Las empresas pueden aprovechar los algoritmos predictivos para prever las fluctuaciones de la demanda y ajustar sus estrategias logísticas en consecuencia, optimizando la asignación de recursos y minimizando el despilfarro. Se están probando vehículos autónomos y drones para los servicios de reparto, lo que representa un cambio hacia métodos de transporte más automatizados y eficientes. Estas innovaciones no sólo agilizan las operaciones, sino que también fomentan un cambio en los requisitos de empleo, haciendo hincapié en la necesidad de trabajadores cualificados para gestionar la IA e interpretar sus resultados. Este doble efecto de creación de nuevos puestos de trabajo, al tiempo que se eliminan los tradicionales, refleja las implicaciones más amplias de la IA sobre el empleo en la logística.

El sector financiero es un testimonio de la capacidad de la IA para agilizar las operaciones y mejorar los procesos de toma de decisiones. Los agentes están transformando la forma en que las instituciones financieras evalúan los riesgos, detectan el fraude y prestan servicio al cliente. Los algoritmos pueden analizar patrones de gasto y señalar transacciones inusuales en tiempo real, salvaguardando así los activos con mayor eficacia que los sistemas de supervisión manual. Cada vez son más populares los robo-asesores equipados con capacidades de aprendizaje automático, que ofrecen a los clientes estrategias de inversión personalizadas basadas en sofisticados análisis de las tendencias del mercado y los objetivos financieros individuales. Esta evolución de los servicios financieros no sólo mejora la eficiencia, sino que también democratiza el acceso al asesoramiento en materia de inversiones, antes reservado a las personas con un patrimonio importante. A medida que la tecnología de IA se arraiga en este sector, la demanda de profesionales formados en el análisis de datos y la gestión de la IA sigue aumentando, lo que indica un cambio significativo en las necesidades de mano de obra y la posibilidad de que aumente la desigualdad entre quienes carecen de esas capacidades.

Industria	Proyecto IA	Descripción	Impacto
Sanidad	IBM Watson Salud	Utiliza la IA para analizar datos médicos y apoyar la toma de decisiones clínicas	Mayor precisión diagnóstica y planes de tratamiento personalizados
Finanzas	ZestFinance	Emplea algoritmos de aprendizaje automático para mejorar la puntuación crediticia	Aumento de las tasas de aprobación de préstamos minimizando el riesgo
Venta al por menor	Amazon Go	Experiencia innovadora de compra sin cajero mediante visión por ordenador y fusión de sensores	Experiencia de compra racionalizada y costes operativos reducidos
Transporte	Waymo	Desarrolla tecnología para vehículos autónomos	Potencial para reducir los accidentes de tráfico y mejorar la eficacia del transporte
Atención al cliente	Chatbots (por ejemplo, Drift, Intercom)	Soluciones de chat basadas en IA para captar clientes en tiempo real	Mejora de la satisfacción del cliente y reducción de los costes operativos

Proyectos de IA con éxito en varias industrias

Lecciones aprendidas de los fracasos de la IA

La evolución de los agentes ofrece una ilustración convincente tanto de los potenciales como de los escollos inherentes a las tecnologías emergentes. Una lección notable se desprende de los casos en que la IA mal aplicados no sólo no cumplieron las expectativas, sino que contribuyeron a importantes fallos operativos en diversos sectores. Las aplicaciones de IA en la contratación perpetuaron a veces los sesgos presentes en sus datos de entrenamiento, dando lugar a prácticas de contratación discriminatorias que desmentían la promesa de una toma de decisiones objetiva. Esta situación ilumina la importancia crítica de contextualizar la IA en sus marcos operativos, subrayando la necesidad de diligencia en la selección de los conjuntos de datos de entrenamiento y de auditorías continuas de los mecanismos de despliegue. A medida que las organizaciones confían cada vez más en la IA para la toma de decisiones, este fracaso sirve como potente recordatorio de las consecuencias de descuidar las consideraciones éticas y la necesidad de marcos reguladores sólidos, que pueden desempeñar un papel fundamental para garantizar que estas innovaciones tecnológicas sirvan a fines equitativos. Las observaciones extraídas de los fracasos de la IA también se extienden a sus implicaciones más amplias para la dinámica de la mano de obra. A medida que se automatizan determinadas tareas, la transición no ha sido fluida, lo que ha provocado una mayor ansiedad por los desplazamientos de puestos de trabajo y la inestabilidad económica. Industrias como la atención al cliente y la fabricación, que antes dependían de la mano de obra humana, están experimentando ahora un cambio pronunciado hacia soluciones automatizadas. Estos cambios han suscitado debates sobre las responsabilidades éticas de las empresas a la hora de reciclar a los trabajadores desplazados y crear vías hacia nuevas oportunidades de empleo. Estas lecciones ponen de relieve la necesidad de desarrollar marcos que no sólo se adapten a los avances tecnológicos , sino que también den prioridad a la resistencia y adaptabilidad de los trabajadores. A medida que el panorama laboral siga evolucionando, fomentar un entorno en el que las aptitudes humanas complementen las capacidades de la IA será esencial para lograr un equilibrio entre la innovación y la seguridad económica. Los retos que plantean los fracasos de la IA también ponen de relieve la urgente necesidad de una colaboración interdisciplinar para dar forma a la futura política de IA. Dado que los fracasos han desvelado lagunas en la comprensión de los comportamientos y capacidades de la IA, las partes interesadas deben converger para formular estrategias integrales que mitiguen los riesgos al tiempo que maximizan los beneficios. Los innumerables sectores afectados por la IA exigen la aportación de diversos expertos, como tecnólogos, especialistas en ética y representantes de los trabajadores, para construir un diálogo polifacético sobre el desarrollo responsable de la IA. Las políticas públicas deben evolucionar a la par que los avances tecnológicos, tratando de regular no sólo las implicaciones económicas de la automatización, sino también su impacto social. A medida que se aprende de las deficiencias del pasado en las iniciativas de IA, el objetivo general debe centrarse en crear un diálogo inclusivo que dé prioridad al bienestar humano junto con la innovación, garantizando que la revolución de los agentes mejore, en lugar de socavar, los cimientos del empleo mundial.

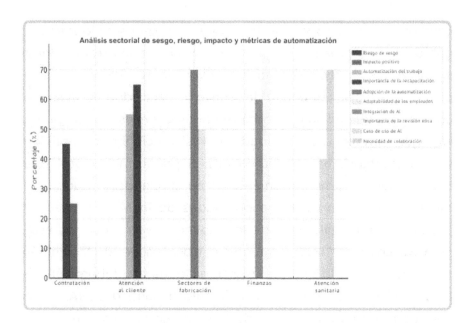

El gráfico ilustra varias métricas relacionadas con el riesgo de parcialidad, el impacto y la automatización en distintos sectores. Cada sector está representado a lo largo del eje x, mientras que el eje e indica los valores porcentuales correspondientes a categorías específicas, incluyendo el riesgo de sesgo, el impacto positivo, la automatización del trabajo, la importancia de la recualificación, la adopción de la automatización, la adaptabilidad de los empleados, la integración de la IA, la importancia de la revisión ética, el caso de uso de la IA y la necesidad de colaboración. Este visual proporciona una comparación clara de cómo difieren estas métricas de un sector a otro, permitiendo un fácil análisis de las tendencias y correlaciones dentro de los datos.

252

Análisis comparativo de las estrategias de IA

Las capacidades de los agentes se definen cada vez más por las estrategias utilizadas para su implantación, que pueden variar significativamente de un sector a otro. Un enfoque hace hincapié en la integración de la IA con los marcos tecnológicos existentes, utilizando el aprendizaje automático y los algoritmos predictivos para perfeccionar las operaciones dentro de las industrias tradicionales. Esta estrategia permite a las empresas mejorar la productividad minimizando al mismo tiempo las perturbaciones. En sectores como la logística y la fabricación, estos agentes permiten una gestión más eficiente de la cadena de suministro mediante el análisis de datos en tiempo real, lo que en última instancia conduce a una reducción de los costes y a una prestación de servicios más rápida. Esta integración refleja un paso evolutivo, más que revolucionario, a medida que las empresas adaptan sus paradigmas existentes para incluir la tecnología de IA. Por el contrario, algunas organizaciones adoptan un enfoque más innovador desarrollando modelos de negocio totalmente nuevos impulsados por la IA que pueden funcionar independientemente de los marcos tradicionales. Este tipo de empresas se ven a menudo en los sectores tecnológico y financiero, y ejemplifican cómo la IA puede crear paradigmas totalmente nuevos que desafían las normas y prácticas establecidas. Las distintas variaciones en las estrategias de IA también se manifiestan en sus métodos de participación del usuario. Los agentes pueden servir como herramientas de aumento, mejorando el rendimiento humano, o funcionar de forma autónoma, sustituyendo por completo las funciones humanas. En el servicio de atención al cliente, por ejemplo, muchas empresas emplean chatbots de IA que ayudan a los agentes humanos gestionando las consultas rutinarias, lo que permite al personal centrarse en cuestiones más complejas. Esta estrategia de IA combinada fomenta una dinámica de colaboración, generando resultados positivos tanto para los empleados como para las organizaciones. Por el contrario, las industrias que se someten a una automatización completa presentan profundos retos, sobre todo en sectores como la fabricación y la logística. En estos contextos , un cambio hacia un modelo operativo totalmente autónomo puede provocar un desplazamiento significativo de la mano de obra, exacerbando las desigualdades socioeconómicas. La naturaleza dual de las estrategias de IA subraya la necesidad crítica de un cuidadoso equilibrio; las organizaciones deben sopesar los beneficios de la eficiencia y la innovación frente a los riesgos potenciales de pérdida de empleo y perturbación social. El impacto de las diversas estrategias de IA en el empleo mundial adquiere dimensiones únicas cuando se consideran las implicaciones a largo plazo. A medida que las empresas pivotan hacia modelos mejorados por la IA, la demanda de nuevos conjuntos de habilidades se vuelve primordial. Este cambio de paradigma requiere un énfasis en los programas de educación y formación para preparar a la mano de obra para las funciones tecnológicas emergentes en el análisis de datos, el mantenimiento de la IA y el desarrollo de algoritmos. Las disparidades en el acceso a las oportunidades de educación y formación pueden acentuar las desigualdades existentes, dejando a ciertos grupos demográficos vulnerables al desempleo o al subempleo. La formulación de políticas desempeña un papel esencial en la mediación de estos retos, ya que los gobiernos deben crear marcos que aborden las ramificaciones éticas y económicas de la adopción de la IA. Un compromiso proactivo -como iniciativas de mejora

254

de las cualificaciones y redes de seguridad social- puede facilitar transiciones más fluidas a medida que las sociedades se adaptan a la revolución de la IA. Esta comprensión matizada de las estrategias de IA pone de relieve la compleja interacción entre tecnología y empleo, e insta a las partes interesadas a considerar las consecuencias sociales más amplias de sus decisiones estratégicas.

XXIII. RETOS TECNOLÓGICOS DE LA IA

El potencial transformador de los agentes va mucho más allá del mero aumento de la productividad; introduce intrínsecamente un conjunto de retos tecnológicos que están remodelando diversas industrias. A medida que estos sistemas se integran más en las operaciones diarias, afloran las complejidades asociadas a su implantación y mantenimiento. Un reto clave consiste en garantizar la fiabilidad de los algoritmos de aprendizaje automático, que requieren grandes cantidades de datos de calidad para funcionar con precisión. Los problemas de sesgo de los datos pueden conducir a resultados sesgados, perpetuando potencialmente las desigualdades sociales existentes. A medida que aumenta la dependencia de la IA, puede disminuir la supervisión humana, lo que suscita preocupación sobre la responsabilidad de las decisiones automatizadas. Las repercusiones de un mal funcionamiento de la tecnología o de conclusiones erróneas podrían ser graves, afectando no sólo a las operaciones empresariales, sino también a la confianza de la sociedad en la automatización en su conjunto. Reconocer estos peligros potenciales es crucial para las partes interesadas que deben navegar por el traicionero paisaje creado por el rápido avance tecnológico y sus omnipresentes implicaciones.

Con la rápida evolución de las tecnologías de IA, el panorama del empleo global se enfrenta a importantes trastornos. Las organizaciones adoptan cada vez más agentes para agilizar los procesos, optimizar la eficacia y, en última instancia, reducir los costes laborales. Aunque este cambio puede mejorar la eficacia operativa, plantea simultáneamente amenazas sustanciales a las estructuras laborales tradicionales. El desplazamiento de trabajadores es una preocupación acuciante, sobre todo en sectores como la atención al cliente y la fabricación, donde las tareas rutinarias se automatizan fácilmente. Surge una marcada división entre aquellos que poseen las habilidades necesarias para desenvolverse en un lugar de trabajo impulsado por la IA y aquellos que no, lo que podría exacerbar las disparidades socioeconómicas existentes. A medida que disminuyen los trabajos rutinarios, aumenta la demanda de funciones más especializadas en gestión tecnológica, programación y análisis de datos, lo que indica una necesidad acuciante de iniciativas de mejora y reciclaje de las cualificaciones. El reto consiste en abordar esta transición de la mano de obra de forma holística, garantizando que los trabajadores desplazados puedan adaptarse al nuevo panorama laboral forjado por los agentes. Las implicaciones a largo plazo de la integración de la IA en la mano de obra requieren un enfoque polifacético de la política y la adaptación. A medida que las sociedades se enfrentan a estos retos tecnológicos, las políticas públicas deben evolucionar para establecer marcos que promuevan el acceso equitativo a las oportunidades emergentes, salvaguardando al mismo tiempo a las poblaciones vulnerables. Entre las estrategias eficaces podría incluirse la revisión de los planes de estudios educativos para hacer hincapié en la alfabetización digital y las habilidades de pensamiento crítico, preparando así a los futuros trabajadores para una economía centrada en la IA. Los debates en torno a la creación de redes de seguridad para los trabajadores desplazados, como la renta básica universal o los programas de reciclaje profesional, merecen una evaluación exhaustiva. Estas medidas prospectivas podrían mitigar los efectos adversos de la centralización del empleo en torno a la utilización de la IA. Fomentando un entorno de colaboración entre los responsables políticos, las empresas y las instituciones educativas, las sociedades pueden aspirar a aprovechar el potencial revolucionario de los agentes al tiempo que abordan los retos inherentes que surgen, lo que conduce a una mano de obra más resistente ante un cambio sin precedentes.

Limitaciones de las actuales tecnologías de IA

El rápido avance de las tecnologías de IA ha transformado innegablemente numerosas industrias, pero persisten limitaciones significativas que dificultan su eficacia. Una limitación fundamental de los actuales sistemas de IA es su dependencia de grandes cantidades de datos para funcionar de forma óptima. Muchos agentes sólo funcionan bien cuando se les entrena con amplios conjuntos de datos, lo que plantea problemas en situaciones en las que los datos son escasos o de mala calidad. Esta dependencia también plantea problemas relacionados con la privacidad y la seguridad de los datos, ya que la necesidad de recopilar datos a gran escala puede entrar en conflicto con consideraciones éticas y marcos normativos. En contextos que requieren una adaptabilidad similar a la humana y una comprensión matizada -como la atención al cliente o las tareas creativas-, la IA a menudo se queda corta, dando lugar a interacciones ineficaces que pueden frustrar a los usuarios finales. Estas limitaciones subrayan la idea de que, aunque los agentes pueden procesar la información a velocidades extraordinarias, siguen estando fundamentalmente limitados por la calidad y la cantidad de los datos disponibles para el análisis.

La complejidad de las emociones humanas y la dinámica social representa otra limitación crítica de las actuales tecnologías de IA. A pesar de los avances en el procesamiento del lenguaje natural y la computación afectiva, los agentes tienen dificultades para comprender plenamente y responder a los matices emocionales humanos. Una IA de atención al cliente puede proporcionar información precisa pero no reconocer la frustración de un cliente iracundo, lo que conduce a resoluciones insatisfactorias. Esta deficiencia es especialmente evidente en sectores como la sanidad, donde la comunicación empática y la inteligencia emocional desempeñan papeles vitales en la atención al paciente. La incapacidad de la IA para reproducir estos atributos humanos suscita preocupaciones éticas sobre su despliegue en entornos de alto riesgo, donde las habilidades interpersonales son primordiales. En consecuencia, la brecha en la agudeza emocional no sólo resta valor a la experiencia del usuario, sino que también limita la aplicación potencial de los agentes en funciones tradicionalmente desempeñadas por profesionales humanos, complicando aún más el discurso sobre las repercusiones laborales. Las limitaciones técnicas también se manifiestan en el ámbito del sesgo algorítmico, que plantea importantes retos a la fiabilidad de las aplicaciones de IA. Los sistemas actuales de IA suelen ser tan objetivos como los datos con los que se entrenan; si estos conjuntos de datos reflejan prejuicios o desigualdades históricas, las decisiones de IA resultantes pueden perpetuar dichos prejuicios. Esto es especialmente problemático en ámbitos como las decisiones de contratación, la aprobación de préstamos y la aplicación de la ley, donde los algoritmos sesgados pueden conducir a la discriminación de grupos marginados. Las ramificaciones de estos sesgos son profundas y plantean cuestiones sobre la responsabilidad y la justicia en los procesos impulsados por la IA. Mientras la sociedad se enfrenta a estos dilemas éticos, existe una necesidad urgente de mejorar la transparencia y la gobernanza en el desarrollo de la IA. Abordar el sesgo algorítmico no es un mero reto técnico, sino una cuestión polifacética que requerirá la colaboración entre tecnólogos, responsables políticos y sociedad civil para crear un panorama de IA más equitativo y eficaz.

Cuestiones de privacidad y seguridad de los datos

La aparición de agentes ha suscitado una gran preocupación por la privacidad y la seguridad de los datos. A medida que estos agentes se integran cada vez más en diversos sectores, recopilan, analizan y almacenan grandes cantidades de información personal y sensible. Esta dependencia de los paquetes de datos abre vías para violaciones, accesos no autorizados y usos indebidos. Acontecimientos como incidentes de piratería informática de gran repercusión ilustran las vulnerabilidades inherentes a la IA. Las ramificaciones de los datos comprometidos pueden provocar no sólo pérdidas económicas, sino también daños a la reputación de las empresas, erosionando la confianza de los consumidores. En un panorama en el que los usuarios son más conscientes de sus derechos sobre los datos, las organizaciones deben equilibrar la innovación con la gestión responsable de los datos. La interacción entre los agentes y la información de los usuarios pone de manifiesto una necesidad crucial de transparencia en las prácticas de datos, que obliga a las empresas a revisar sus protocolos de seguridad para protegerse de las amenazas externas e internas, al tiempo que fomentan una cultura de responsabilidad dentro de sus marcos tecnológicos.

Al examinar las políticas que rodean el despliegue de la IA, se hace innegablemente evidente la necesidad de una normativa estricta. A medida que las organizaciones innovan con la tecnología de IA, los organismos reguladores se enfrentan al reto de elaborar una legislación que proteja los derechos individuales sin ahogar el avance tecnológico. Los marcos normativos deben abordar la doble necesidad de fomentar la innovación y garantizar unas normas éticas en el procesamiento de datos. Las leyes de privacidad, como el Reglamento General de Protección de Datos (RGPD) de la Unión Europea, sirven de modelo, pero también indican las complejidades de aplicar su cumplimiento en distintas jurisdicciones. Las organizaciones que operan a nivel mundial deben navegar por un laberinto de leyes locales, manteniendo al mismo tiempo una norma coherente de protección de datos . La naturaleza dinámica de la tecnología de IA complica aún más este panorama, ya que las políticas suelen ir por detrás de las capacidades tecnológicas. Un enfoque colaborativo en el que participen las partes interesadas -desde los gobiernos y las empresas tecnológicas hasta la sociedad civiles esencial para desarrollar políticas adaptables que evolucionen con estos rápidos avances.

A medida que el panorama laboral cambia debido a la adopción de agentes, las implicaciones para la privacidad y la seguridad de los datos son profundas. Las funciones laborales están evolucionando, con una mayor demanda de puestos centrados en supervisar los protocolos de IA y garantizar el cumplimiento de los datos. Este cambio crea una paradoja en la que el desplazamiento laboral de las funciones tradicionales eleva lo que está en juego para que las personas salvaguarden sus datos profesionales y su privacidad. Los trabajadores en entornos impulsados por la tecnología deben cultivar habilidades para navegar por flujos de datos complejos y relacionarse con sistemas de IA, al tiempo que permanecen vigilantes ante posibles ciberamenazas. Los empresarios son responsables de fomentar entornos que den prioridad a la educación en seguridad de los datos, capacitando a sus trabajadores para que comprendan tanto las herramientas con las que trabajan como las vulnerabilidades asociadas a ellas. Un futuro en el que los agentes impulsen un cambio significativo tanto en las prácticas de empleo como en las de seguridad de los datos depende de un compromiso con la educación continua, políticas sólidas y medidas proactivas adaptadas para mitigar los riesgos, lo que refuerza la interconexión del empleo y la protección de datos en un mundo impulsado por la IA.

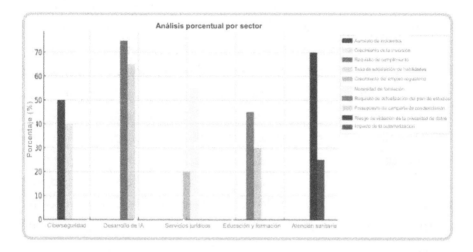

El gráfico muestra un análisis porcentual por sectores, comparando varias métricas entre distintos sectores, como Ciberseguridad, Desarrollo de IA, Servicios Jurídicos, Educación y Formación, y Sanidad. El rendimiento de cada sector está representado por barras de distintos colores para métricas específicas como el aumento de incidentes, el crecimiento de la inversión, la exigencia de cumplimiento y otras, lo que permite comparar fácilmente las tendencias y necesidades dentro de estos campos.

Futuros avances tecnológicos

Los avances en los agentes significan un periodo transformador en el desarrollo tecnológico, que altera fundamentalmente el modo de operar de las empresas. En esta revolución son fundamentales componentes como los algoritmos de aprendizaje automático, que permiten a las máquinas aprender de los datos y mejorar su rendimiento con el tiempo, y el análisis predictivo, que permite responder anticipadamente a las tendencias emergentes. La capacidad de procesar datos en tiempo real facilita respuestas inmediatas, lo que hace que los agentes sean inestimables en diversos sectores. Desde la automatización de tareas sencillas a complejos procesos de toma de decisiones, estas tecnologías están mejorando la productividad y la eficacia operativa. A medida que las organizaciones confían cada vez más en la IA para apoyar la toma de decisiones, no sólo optimizan los procesos, sino que también se replantean sus estructuras de personal, destinando recursos a tareas que requieren creatividad humana e inteligencia emocional, un cambio que pone de relieve la relación simbiótica entre humanos y máquinas en el panorama laboral en evolución.

La influencia de los agentes se extiende a varios sectores laborales, transformando las funciones tradicionales y creando nuevas oportunidades de empleo. En el servicio de atención al cliente, por ejemplo, los chatbots impulsados por IA pueden gestionar las consultas con rapidez, lo que aumenta la satisfacción del cliente y reduce los costes operativos. En logística, la tecnología de IA optimiza la gestión de la cadena de suministro al predecir las fluctuaciones de la demanda, mejorando así el control del inventario. La industria manufacturera se beneficia de la IA gracias a una mayor automatización que permite aumentar el rendimiento y mejorar la seguridad. La adopción de la IA en los diagnósticos y las recomendaciones de tratamiento por parte del sector sanitario promete una atención al paciente más personalizada. Aunque estos avances muestran el potencial de la IA para crear eficiencia y reducir la carga de trabajo humano en contextos específicos, al mismo tiempo suscitan preocupación por el desplazamiento de puestos de trabajo. La transición a una economía impulsada por la IA exige un examen minucioso de la futura mano de obra, ya que determinados puestos pueden quedar obsoletos, dejando a los trabajadores que naveguen por un panorama laboral que cambia rápidamente. Las implicaciones a largo plazo de los agentes en el empleo global requieren un enfoque proactivo que implique a los responsables políticos, las instituciones educativas y las empresas para mitigar los posibles efectos adversos. A medida que las tareas rutinarias se automatizan cada vez más, crece la necesidad de invertir en programas de reciclaje y recualificación de la mano de obra para preparar a las personas para los empleos del mañana. Esto garantiza que el talento humano pueda complementar a la IA en lugar de competir con ella, fomentando en última instancia el crecimiento del empleo en sectores relacionados con la tecnología y el análisis de datos. Resulta primordial abordar las cuestiones de desigualdad, ya que es posible que los beneficios del despliegue de la IA no se distribuyan uniformemente. Promoviendo políticas inclusivas que faciliten el acceso equitativo a las ventajas de la IA, las partes interesadas pueden ayudar a salvar la brecha entre quienes se benefician de los avances tecnológicos y quienes corren el riesgo de quedar marginados. Cultivar una mano de obra con visión de futuro que abrace el cambio será esencial a medida que las sociedades se adapten a estas innovaciones, garantizando que la IA sirva como vehículo de empoderamiento y no como fuente de división.

XXIV. EL PAPEL DE LA IA EN LA GESTIÓN DE CRISIS

La integración de la IA en la gestión de crisis marca un cambio significativo en la forma en que las organizaciones responden a las emergencias y los sucesos imprevistos. Los agentes pueden procesar grandes cantidades de datos en tiempo real, lo que les permite identificar patrones y predecir posibles crisis antes de que se agraven. Utilizando algoritmos de aprendizaje automático, estos sistemas pueden analizar datos históricos relacionados con crisis, discerniendo tendencias que pueden no ser evidentes para los analistas humanos. Esta capacidad predictiva permite a los gobiernos y organizaciones no sólo actuar de forma preventiva, sino también asignar recursos de forma más eficiente durante las emergencias reales, minimizando así el impacto sobre las poblaciones afectadas. Como resultado, la dependencia convencional de los responsables humanos de la toma de decisiones se está transformando, y la IA sirve como complemento crítico para la planificación y ejecución estratégicas en situaciones de alto riesgo. El despliegue de la IA en la gestión de crisis tiene profundas implicaciones en varios sectores, sobre todo en la asistencia sanitaria y la respuesta a catástrofes. Durante las emergencias sanitarias, como las pandemias, la IA puede facilitar la recopilación y el análisis rápidos de datos, permitiendo a los funcionarios de salud pública aplicar medidas que contengan los brotes con eficacia. Los estudios de casos han demostrado cómo los modelos basados en IA pueden predecir la propagación de enfermedades, permitiendo intervenciones oportunas que salvan vidas. Del mismo modo, en escenarios de catástrofes naturales, los agentes pueden optimizar las operaciones de rescate prediciendo las zonas afectadas y recomendando las rutas más eficientes para los servicios de emergencia. Estas capacidades ilustran no sólo los avances tecnológicos realizados en la gestión de crisis, sino también el potencial de la IA para aumentar los esfuerzos humanos en sectores críticos para la seguridad pública y la resiliencia de las comunidades. Aunque las ventajas de la IA en la gestión de crisis son múltiples, también plantean retos importantes, sobre todo en lo que respecta a las implicaciones laborales. A medida que las organizaciones emplean cada vez más agentes para gestionar situaciones de crisis complejas, aumenta la preocupación por el desplazamiento de los empleos tradicionales. Es probable que las funciones que implican la recopilación de datos, el análisis e incluso la toma de decisiones sufran transformaciones, lo que podría provocar una reducción de la demanda de trabajadores humanos en estas áreas. El reto consiste en equilibrar la eficacia y fiabilidad que proporciona la IA con la preservación de las oportunidades de empleo. Son esenciales los esfuerzos para reciclar a los trabajadores afectados y crear nuevas funciones laborales centradas en la supervisión y la gestión ética de las tecnologías de IA. Abordar estos retos requiere un enfoque colaborativo, en el que los responsables políticos, las empresas y las instituciones educativas trabajen juntos para garantizar que la mano de obra esté preparada para el panorama cambiante que suponen las innovaciones de la IA en la gestión de crisis.

La contribución de la IA durante las crisis mundiales

Los avances tecnológicos han transformado el panorama de las crisis mundiales, forjando un camino para que los agentes sean fundamentales en la gestión de crisis. Durante las emergencias de salud pública, por ejemplo, la IA ha desempeñado un papel crucial en la recopilación y el análisis de datos, facilitando respuestas rápidas a los brotes. Los algoritmos de aprendizaje automático analizan ingentes cantidades de datos sanitarios para identificar patrones, predecir la propagación de enfermedades y recomendar intervenciones eficaces. Esta capacidad de procesamiento de datos en tiempo real permite a las organizaciones gubernamentales y sanitarias asignar recursos de forma más eficiente y aplicar medidas específicas, mitigando significativamente posibles catástrofes. La integración de la IA en los sistemas sanitarios no sólo ha mejorado los tiempos de respuesta, sino también la precisión de las iniciativas de salud pública. El uso de la IA para sintetizar información durante las catástrofes naturales ayuda a coordinar los servicios de emergencia y a comunicar información crítica a las poblaciones afectadas, lo que ilustra la contribución transformadora de la IA en la gestión de las crisis y la salvaguarda del bienestar público. A medida que las crisis mundiales siguen remodelando los paradigmas económicos, los agentes cubren cada vez más lagunas en sectores laborales que se enfrentan a retos sin precedentes. Frente a las recesiones económicas, la automatización impulsada por la IA mejora la productividad y la eficiencia agilizando las operaciones en diversos sectores. Tomemos la logística, como ejemplo ilustrativo, donde la IA optimiza las cadenas de suministro y la gestión de inventarios. Esta integración tecnológica se traduce en una reducción de los costes operativos y en

269

la capacidad de satisfacer demandas fluctuantes, incluso durante una crisis. Los trabajadores del sector logístico pueden encontrarse con un panorama laboral en evolución, pasando de funciones tradicionales a otras centradas en la tecnología a través de vista, el mantenimiento y la integración en sistemas de IA. En consecuencia, aunque algunos puestos de trabajo pueden quedar obsoletos, la aparición de nuevas oportunidades en la gestión de la IA fomenta una transición hacia una mano de obra más cualificada, lo que subraya una relación matizada entre la adopción de la IA y la dinámica del empleo en tiempos de incertidumbre mundial.

Las implicaciones del papel de la IA durante las crisis mundiales van más allá de los ajustes operativos inmediatos y se extienden a los cambios sociales a largo plazo. Con algoritmos predictivos y análisis avanzados, las organizaciones aprovechan cada vez más la IA para anticiparse a las recesiones económicas y elaborar respuestas estratégicas. Esta previsión no sólo refuerza la resistencia de las organizaciones, sino que también repercute en la economía en general al garantizar que las empresas sigan siendo ágiles y competitivas. Esta rápida evolución suscita una gran preocupación por el desplazamiento de puestos de trabajo, sobre todo en los sectores menos cualificados. Los trabajadores pueden encontrarse mal equipados para competir en un mercado laboral que favorece cada vez más la competencia tecnológica. En consecuencia, abordar el aumento potencial de la desigualdad se convierte en primordial a medida que los beneficios de la IA se concentran entre los que tienen acceso a la educación y la formación. Equilibrar la innovación con la inclusión será esencial para orientar el desarrollo de políticas que promuevan transiciones equitativas de la mano de obra, garantizando que los avances aportados por la IA conduzcan a una prosperidad compartida en lugar de exacerbar las disparidades existentes.

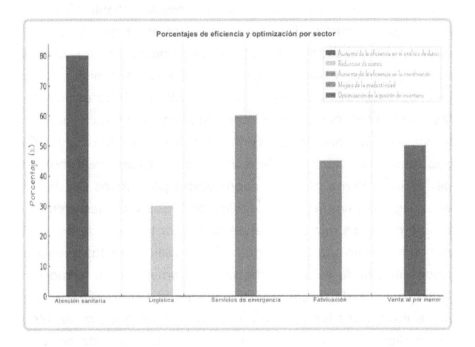

El gráfico ilustra los porcentajes de eficiencia y optimización en varios sectores. Cada sector se representa con un conjunto de barras que indican diferentes mejoras porcentuales: la sanidad muestra un aumento significativo de la eficiencia en el análisis de datos, la logística hace hincapié en la reducción de costes, los servicios de emergencia se centran en la eficiencia de la coordinación, la fabricación mejora la productividad y el comercio minorista optimiza la gestión de inventarios. Esta representación visual pone de relieve el impacto de las estrategias innovadoras en diversos sectores.

Casos prácticos de IA en respuesta a emergencias

El despliegue de la IA en escenarios de respuesta a emergencias ilustra el profundo potencial de esta tecnología para mejorar la eficacia operativa y salvar vidas. Un ejemplo notable es el uso del análisis predictivo impulsado por la IA en la gestión de catástrofes. Analizando vastos conjuntos de datos, como patrones meteorológicos, estudios geológicos y respuestas históricas a emergencias, la IA pueden predecir posibles catástrofes naturales como huracanes o terremotos. Estos conocimientos facilitan la adopción de medidas preventivas, permitiendo la evacuación oportuna y la asignación de recursos a las zonas afectadas. El perfeccionamiento de estas capacidades predictivas puede reducir significativamente la pérdida de vidas y bienes, demostrando cómo los agentes pueden aumentar la toma de decisiones humanas en situaciones de crisis. A medida que las agencias sigan integrando estas sofisticadas herramientas, la formación y contratación de trabajadores cualificados que puedan gestionar e interpretar los resultados de la IA se convertirá en algo primordial, alterando así el panorama de la mano de obra en los servicios de emergencia. Otro ejemplo convincente del impacto transformador de la IA es la utilización de drones autónomos en misiones de búsqueda y rescate. Estos drones están equipados con tecnología de imagen avanzada y algoritmos de aprendizaje automático que les permiten navegar por terrenos complejos e identificar a personas desaparecidas en tiempo real. Su capacidad para cubrir grandes áreas de forma rápida y eficaz supera con creces los métodos de búsqueda tradicionales, que a menudo dependen de equipos humanos y pueden requerir mucho tiempo y tener un alcance limitado. Este avance tecnológico fomenta la colaboración entre los equipos de respuesta a emergencias, ya que los drones pueden transmitir información crítica a los centros de mando, garantizando que los recursos se asignen donde más se necesitan. La integración de estos sistemas de IA no sólo mejora la eficacia operativa, sino que también requiere un cambio en la dinámica de empleo en , ya que surgen nuevas funciones en el manejo de drones y el análisis de datos, lo que subraya la necesidad de una formación especializada que se ajuste a estas responsabilidades en evolución. La incorporación de la IA a los sistemas de respuesta a emergencias también plantea cuestiones pertinentes sobre el desplazamiento de puestos de trabajo dentro de funciones tradicionalmente centradas en el ser humano. A medida que la automatización asume tareas que antes realizaban trabajadores humanos, como la planificación logística y el análisis de datos en tiempo real, existe una tensión inherente entre la mejora de la eficiencia y la posibilidad de reducir la mano de obra. Este cambio exige una reevaluación de las aptitudes de los trabajadores de los servicios de emergencia y campos afines. Mientras surgen nuevas oportunidades en funciones centradas en la tecnología, los trabajadores que antes se dedicaban a tareas administrativas o logísticas pueden ver peligrar sus puestos. Los responsables políticos y las instituciones educativas tienen la tarea de abordar este desequilibrio mediante programas de reciclaje, iniciativas de desarrollo de la mano de obra y redes de seguridad social para amortiguar la transición. Así pues, la integración de la IA no sólo revoluciona las capacidades operativas en la respuesta a emergencias, sino que también requiere estrategias globales para adaptar la mano de obra a un panorama cada vez más automatizado.

Lecciones para la preparación futura

La inmensa transformación impulsada por los agentes requiere un enfoque proactivo de la preparación para el futuro en diversos sectores. Una lección fundamental es la importancia de fomentar una cultura de adaptabilidad en las organizaciones. Las empresas se enfrentan cada vez más a rápidos cambios tecnológicos que exigen que los empleados evolucionen continuamente sus conjuntos de habilidades. A medida que los agentes automatizan las tareas rutinarias, la mano de obra debe pivotar hacia funciones que hagan hincapié en la resolución de problemas, el pensamiento creativo y la inteligencia emocional, capacidades que siguen siendo difíciles de reproducir por las máquinas. Preparar a la mano de obra para estos cambios implica invertir en programas de educación y formación continuas que doten a los empleados de las habilidades necesarias para colaborar con la IA. Adoptar la flexibilidad no sólo mejora la resistencia individual y organizativa, sino que también garantiza que los trabajadores humanos puedan coexistir con la IA, transformando en última instancia el lugar de trabajo en un entorno de colaboración en el que la tecnología amplifica el potencial humano en lugar de sustituirlo. Las implicaciones de los agentes también subrayan la necesidad de desarrollar políticas públicas sólidas destinadas a gestionar las transiciones del mercado laboral. Los responsables políticos deben anticiparse al posible desplazamiento de puestos de trabajo y formular intervenciones estratégicas para mitigar sus efectos. Poner en marcha programas que apoyen el reciclaje y la mejora de las cualificaciones puede ayudar a los trabajadores a sortear los cambios provocados por las tecnologías de IA. Esta postura proactiva también debe tener en cuenta las disparidades que la integración de la

IA puede exacerbar, sobre todo entre los trabajadores poco cualificados que corren un mayor riesgo de desempleo debido a la automatización. En consecuencia, las políticas deben aspirar a crear un acceso equitativo a los recursos educativos, garantizando que los beneficios de la IA en se distribuyan equitativamente entre los distintos grupos demográficos. Dando prioridad a las redes de seguridad social y promoviendo estrategias inclusivas, las sociedades pueden cultivar la resiliencia frente a los trastornos socioeconómicos inducidos por el auge de los agentes. La previsión a largo plazo se manifiesta no sólo en la preparación de la mano de obra, sino también en las consideraciones éticas que rodean a la integración de la IA en la sociedad. A medida que la IA se integran en diversas industrias, el potencial de consecuencias no deseadas, como la parcialidad y la vigilancia, sigue siendo una preocupación importante. La preparación para el futuro requiere que las partes interesadas entablen debates sobre la ética y la gobernanza de la IA, estableciendo marcos que garanticen un despliegue responsable de la IA. Esto incluye la creación de directrices que den prioridad a la transparencia, la responsabilidad y la equidad en los algoritmos de IA, garantizando que estas tecnologías sirvan al bien público en general. Involucrar en estas conversaciones a múltiples partes interesadas, incluidos tecnólogos, especialistas en ética y representantes de la comunidad, será vital para desarrollar normas que alineen el uso de la IA con los valores sociales. Al incluir consideraciones éticas en el desarrollo y la aplicación de los agentes, las sociedades pueden navegar por las complejidades de la innovación al tiempo que se protegen de sus riesgos, lo que en última instancia conduce a una integración más equitativa de la IA en la vida cotidiana.

XXV. PREPARARSE PARA UN FUTURO IMPULSADO POR LA IA

La rápida evolución de la IA exige un enfoque reflexivo sobre la preparación de la mano de obra en un mundo cada vez más moldeado por agentes inteligentes. La llegada de las tecnologías de IA no sólo ha transformado las herramientas disponibles para las industrias, sino también los conjuntos de aptitudes necesarias para el empleo. Con el aprendizaje automático y la automatización ocupando un lugar central, los trabajadores se enfrentan al reto de adaptarse a un entorno en el que las competencias digitales son primordiales. Comprender los entresijos de la IA, incluido el modo en que estos sistemas aprenden de los datos y hacen predicciones, es esencial tanto para los futuros profesionales como para los empleados actuales que buscan seguir siendo relevantes. Los programas de formación que hagan hincapié en la fluidez tecnológica, como el análisis de datos y la comprensión del software, serán cruciales para fomentar una mano de obra capaz de colaborar eficazmente con la IA. Tales iniciativas ayudarán a mitigar el riesgo de desplazamiento laboral generalizado, equipando a las personas con las herramientas necesarias para prosperar en el cambiante panorama económico. A medida que los agentes se van integrando en diversos sectores, el impacto en los modelos de empleo existentes plantea cuestiones urgentes sobre la dinámica laboral. Diferentes sectores experimentarán transformaciones únicas, con funciones tradicionalmente desempeñadas por humanos que pasarán cada vez más a manos de sistemas automatizados. Tomemos el servicio de atención al cliente como ejemplo ilustrativo;

la implantación de chatbots y asistentes virtuales está redefiniendo la forma en que las empresas interactúan con los consumidores. Estas soluciones impulsadas por la IA mejoran la eficiencia al proporcionar respuestas inmediatas, pero al mismo tiempo amenazan con desplazar puestos de trabajo que antes requerían un toque humano. Del mismo modo, sectores como la logística y la fabricación ven un aumento de la robótica , agilizando los procesos pero suscitando preocupación por la relevancia de la mano de obra humana. Reflexionando sobre estos cambios, está claro que, aunque la IA crea nuevas oportunidades -como puestos en la gestión y supervisión de sistemas de IA-, también exige una conversación matizada sobre cómo puede adaptarse la sociedad a los posibles inconvenientes, como la polarización de la mano de obra y la escasez de empleo en las áreas menos cualificadas. Para que las sociedades sorteen con éxito los retos y oportunidades que presentan los agentes, es esencial adoptar medidas proactivas. Los responsables políticos, los educadores y las empresas deben colaborar para crear marcos que preparen a todas las personas para el futuro impulsado por la IA. Invertir en una educación centrada en el pensamiento crítico, la resolución de problemas y la alfabetización digital capacitará a la próxima generación para adaptarse a unos mercados laborales en rápida evolución. Los programas de formación flexibles deben atender tanto a los recién llegados como a los que buscan reciclarse, fomentando así una cultura de aprendizaje permanente. Las políticas públicas también deben abordar las implicaciones de la IA en la desigualdad, garantizando un acceso equitativo a los recursos y oportunidades tecnológicos. Construyendo entornos inclusivos que valoren las contribuciones humanas junto con las capacidades de la IA, la sociedad puede aprovechar todo el potencial de estos agentes revolucionarios, minimizando al mismo tiempo las perturbaciones en el empleo. De este modo, las partes interesadas pueden garantizar que la transición a un mundo impulsado por la IA no sólo sea innovadora, sino también beneficiosa para todos los miembros de la población activa.

Estrategias de adaptación individual

La integración de agentes en diversos sectores supone un cambio de paradigma en la naturaleza del trabajo, que obliga a las personas a replantearse y remodelar sus habilidades para seguir siendo relevantes. A medida que la automatización se hace cargo de tareas más rutinarias y mundanas, los trabajadores deben adoptar el aprendizaje continuo como estrategia principal de adaptación. Este compromiso con la educación permanente puede adoptar diversas formas, como cursos académicos formales, certificaciones en línea y aprendizaje autodirigido para mejorar tanto las habilidades técnicas como las blandas, como el pensamiento crítico y la inteligencia emocional. Estas habilidades son cada vez más vitales, ya que permiten a las personas colaborar eficazmente con la IA y contribuir a los procesos de toma de decisiones que las máquinas por sí solas no pueden manejar. Al centrarse en un conjunto diverso de habilidades, los individuos se posicionan no sólo para resistir las fluctuaciones económicas causadas por la adopción de la IA, sino también para aprovechar las nuevas oportunidades que surgen en un lugar de trabajo aumentado.

La flexibilidad surge como otra estrategia crítica para navegar por el cambiante panorama laboral configurado por los agentes. Adoptar una mentalidad abierta a nuevas funciones, sectores y métodos de trabajo puede aumentar significativamente las posibilidades de prosperar en un mercado dinámico. Esta adaptabilidad puede incluir el cambio de los puestos tradicionales a tiempo completo a oportunidades de trabajo autónomo o por contrato que aprovechen el poder de la IA en diversas aplicaciones. Los trabajadores que cultivan la resiliencia en sus trayectorias profesionales pueden pivotar hacia nuevas funciones creadas por los avances tecnológicos, como empleos en gestión de sistemas de IA e interpretación de datos. Participar en diversas experiencias profesionales y establecer contactos dentro de las comunidades tecnológicas emergentes también sirve para mejorar la adaptabilidad. La capacidad de responder a los cambios del sector adquiriendo nuevas funciones o desarrollando conceptos empresariales innovadores puede, en última instancia, conducir a un empleo sostenible en un mundo aumentado por la IA. Equipados con un enfoque proactivo, los individuos pueden mejorar aún más su posicionamiento dentro de la fuerza de trabajo en evolución adoptando marcos de colaboración que aprovechen las tecnologías de IA. Reconocer que los agentes están diseñados para ayudar y no para sustituir por completo las funciones humanas es esencial para elaborar una estrategia que fomente una interacción satisfactoria entre las personas y las máquinas. Los trabajadores pueden participar en colaboraciones interdisciplinarias que combinen la creatividad humana con las capacidades de la IA, mejorando así los enfoques de resolución de problemas e impulsando la innovación. Este espíritu de colaboración se extiende a la exploración de campos interdisciplinarios en los que la intuición humana y la conexión emocional son insustituibles, como la sanidad, la educación y las industrias creativas. Formando redes de profesionales que compartan ideas sobre los avances de la IA y soluciones compatibles, las personas pueden fomentar una comunidad que no sólo navegue unida por los cambios del mercado laboral, sino que también dé forma activamente al futuro del trabajo, en el que las fortalezas humanas complementen las eficiencias de la IA.

La importancia del aprendizaje permanente

Para navegar por un panorama laboral cada vez más complejo, configurado por el auge de los agentes, las personas deben adoptar el concepto de aprendizaje permanente. El rápido ritmo de los avances tecnológicos exige que los trabajadores actualicen continuamente sus conocimientos para seguir siendo relevantes en un mercado laboral en constante evolución. A medida que la IA se integran en diversos sectores, como la sanidad y las finanzas, aumenta la demanda de experiencia en tecnología y análisis de datos. En consecuencia, los profesionales que se comprometen con el aprendizaje permanente están mejor situados para adaptarse a estos cambios, equipándose con las herramientas necesarias para trabajar junto a la IA. Este compromiso no sólo mejora la empleabilidad individual, sino que fomenta una mano de obra más resistente, capaz de prosperar en medio de la disrupción.

El paradigma educativo está pasando de los métodos tradicionales a enfoques de aprendizaje más dinámicos y autodirigidos que hacen hincapié en la importancia de la adaptabilidad y el pensamiento crítico. A medida que los agentes se hacen cargo de las tareas rutinarias, los empleados deben cultivar habilidades que las máquinas no pueden replicar fácilmente, como la creatividad, la inteligencia emocional y la resolución de problemas. Participar en el aprendizaje permanente permite a las personas explorar conocimientos interdisciplinares, recurriendo a diversos campos para innovar y mejorar los procesos. Este enfoque holístico de la educación es crucial en un clima en el que las capacidades de la IA desafían los roles laborales convencionales, empujando a los trabajadores a replantearse sus contribuciones dentro de las organizaciones. Los trabajadores que busquen proactivamente el conocimiento surgirán probablemente como líderes en sus sectores, impulsando el progreso y garantizando su relevancia en una fuerza laboral potenciada por la IA. Las organizaciones también desempeñan un papel fundamental en la promoción de una cultura de aprendizaje permanente entre los empleados a medida que navegan por la integración de la IA. Las empresas que invierten en formación continua y desarrollo profesional fomentan un entorno en el que se anima a los trabajadores a ampliar su conjunto de habilidades y adoptar los avances tecnológicos. Los programas de formación pueden centrarse tanto en las habilidades duras como en las blandas, permitiendo a los empleados trabajar eficazmente junto a los agentes al tiempo que conservan sus atributos humanos únicos. Al cultivar una cultura de aprendizaje continuo, las empresas no sólo preparan a sus plantillas para los retos que plantea la automatización, sino que también mejoran la productividad y la innovación en general. Hacer hincapié en el aprendizaje permanente dentro de las estrategias corporativas sirve para salvar la distancia entre el ingenio humano y la IA, creando en última instancia un entorno de trabajo más armonioso y eficaz en la era de la automatización.

Iniciativas comunitarias para la concienciación sobre la IA

A medida que las sociedades avanzan hacia la era de la IA, se hace esencial la necesidad de iniciativas comunitarias sólidas que fomenten la concienciación sobre la IA. Diversas organizaciones y gobiernos locales están reconociendo que educar al público sobre las tecnologías de IA es fundamental para prepararlo para una mano de obra cada vez más automatizada. Estas iniciativas suelen incluir talleres, sesiones de formación y campañas informativas que desmitifican los conceptos de IA y sus aplicaciones. A través de formatos atractivos como hackatones, encuentros tecnológicos locales y programas escolares, las comunidades facilitan experiencias prácticas que no sólo informan a los participantes sobre el potencial de la IA, sino que también fomentan el pensamiento crítico sobre consideraciones éticas. Al sumergirse en el funcionamiento real de los agentes, las personas pueden comprender mejor cómo afectan estas tecnologías a su vida cotidiana y a sus perspectivas laborales. Estos programas de concienciación ayudan a cultivar una población alfabetizada digitalmente, dotándola de las habilidades necesarias para navegar por las transformaciones que conlleva la IA, salvando así la distancia entre el avance tecnológico y la preparación de la mano de obra. La educación sobre las implicaciones de la IA dentro de las iniciativas comunitarias también pretende abordar las disparidades que suelen acompañar a la innovación tecnológica. A medida que los agentes alteran los mercados de trabajo tradicionales, muchas personas se ven expuestas al desplazamiento. Los esfuerzos dirigidos a aumentar la concienciación pueden empoderar a los grupos desfavorecidos proporcionándoles acceso a nuevas oportunidades de aprendizaje. Las iniciativas podrían centrarse en grupos demográficos infrarrepresentados, fomentando el desarrollo de habilidades en análisis de datos, codificación y aprendizaje automático. Al crear un entorno inclusivo en el que se anime a todos los miembros de la comunidad a participar en la formación, hay más posibilidades de disminuir las desigualdades de que un panorama impulsado por la IA puede exacerbar. Las asociaciones con empresas locales pueden crear vías de empleo en campos relacionados con la tecnología, garantizando que estas comunidades se beneficien de la proliferación de la IA en lugar de sufrir sus desafíos. Involucrar a las poblaciones locales en conversaciones sobre las aplicaciones de la IA y las posibles trayectorias profesionales puede, en última instancia, ayudar a fomentar la resistencia y la adaptabilidad de la mano de obra.

Las iniciativas comunitarias estratégicamente diseñadas también pueden promover un diálogo continuo sobre las implicaciones sociales de las tecnologías de IA. Como estos programas fomentan una participación más amplia, crean intrínsecamente plataformas para el debate sobre las cuestiones éticas que rodean el despliegue de la IA, incluidos los problemas de privacidad, la transparencia en la toma de decisiones y el sesgo algorítmico. Al integrar en la conversación a diversas partes interesadas, como tecnólogos, educadores, especialistas en ética y líderes locales, las comunidades pueden elaborar una comprensión más completa de cómo navegar por el panorama de la IA de forma responsable. Este compromiso no sólo ayuda a aumentar la concienciación, sino que también cultiva una cultura de responsabilidad entre los desarrolladores y las organizaciones que despliegan sistemas de IA. Este diálogo es fundamental a medida que el panorama laboral mundial sigue evolucionando, garantizando que la integración tecnológica se aborde de forma reflexiva e inclusiva, dando forma en última instancia a un futuro en el que los avances de la IA se alineen estrechamente con los valores y las necesidades de la sociedad.

XXVI. CONCLUSIÓN

La rápida integración de los agentes en diversas industrias marca una coyuntura transformadora en el panorama laboral mundial. Esta transición plantea cuestiones críticas sobre el equilibrio entre el avance tecnológico y la preservación de la mano de obra humana. A medida que las capacidades de IA sigan mejorando la eficacia operativa y la productividad, muchas funciones tradicionales pueden quedar obsoletas. El desplazamiento de puestos de trabajo afecta principalmente a los puestos de baja cualificación, exacerbando las disparidades económicas y encendiendo la preocupación por la equidad social. La evolución de la IA también ofrece un abanico de nuevas oportunidades, que requieren una mano de obra con conocimientos tecnológicos avanzados. Esta dualidad presenta un caso convincente de la necesidad de adaptación, ya que los empleados deben cultivar nuevas competencias para prosperar en un entorno cada vez más automatizado.

Para abordar los retos asociados a la adopción de la IA es fundamental el papel de las políticas públicas y las iniciativas educativas. Las políticas deben diseñarse no sólo para salvaguardar a los trabajadores afectados por el desplazamiento, sino también para invertir en programas de formación que hagan hincapié en la alfabetización tecnológica y la adaptabilidad. Al dar prioridad al desarrollo de la mano de obra, los gobiernos y las instituciones pueden crear vías para que las personas realicen la transición a nuevos sectores laborales impulsados por estos avances tecnológicos. Fomentar la colaboración entre las instituciones educativas y las industrias puede garantizar que los planes de estudios sean pertinentes y se ajusten a las demandas actuales y futuras del mercado laboral. Estas medidas proactivas son esenciales para mitigar las repercusiones económicas negativas y, al mismo tiempo, maximizar los beneficios de la integración de la IA, lo que, en última instancia, dará lugar a una mano de obra más resistente y cualificada.

La trayectoria de los agentes sugiere una evolución continua tanto de la naturaleza del trabajo como de la estructura fundamental de la economía. A medida que las empresas se apoyen cada vez más en estas tecnologías innovadoras, el panorama del empleo seguirá cambiando drásticamente, lo que exigirá una reevaluación de las funciones laborales y las trayectorias profesionales tradicionales. Aunque la preocupación por la pérdida de puestos de trabajo es válida, es esencial reconocer el potencial de crecimiento de los sectores emergentes, como el desarrollo de la IA, el análisis de datos y otros campos orientados a la tecnología. Un futuro potenciado por agentes ofrece posibilidades sin precedentes para mejorar la productividad y fomentar la innovación. Adoptar este cambio de paradigma requiere no sólo estrategias de mano de obra adaptadas, sino también un cambio cultural en la forma en que la sociedad percibe el trabajo y el empleo. Es responsabilidad de empresarios, educadores y responsables políticos guiar esta revolución para garantizar la inclusión y la sostenibilidad en una economía mundial en rápida transformación.

Resumen de las principales conclusiones

A medida que los agentes siguen desarrollándose, su potencial transformador se hace evidente en diversos sectores, lo que indica un cambio significativo en los patrones de empleo. Estos sistemas de IA, caracterizados por su capacidad para aprender de vastos conjuntos de datos y ejecutar tareas que tradicionalmente requerían la intervención humana, están remodelando el panorama laboral. La integración de agentes en sectores como la atención al cliente y la sanidad demuestra su eficacia a la hora de gestionar tareas repetitivas y analizar información compleja con rapidez. Este cambio no sólo mejora la eficacia operativa, sino que también subraya la necesidad de una mano de obra experta en aprovechar estas tecnologías. Sin embargo, la naturaleza cada vez más autónoma de la IA supone una amenaza para los puestos de trabajo convencionales, en los que las tareas realizadas por humanos pueden automatizarse, lo que suscita preocupación por el desempleo y la redundancia de capacidades en el mercado laboral.

La llegada de los agentes ha catalizado una doble dinámica en la mano de obra, que fomenta tanto las oportunidades como los retos. Mientras ciertas funciones quedan obsoletas debido a la automatización, la demanda de empleos que requieren conocimientos tecnológicos avanzados va en aumento. Industrias como la logística y las finanzas están experimentando un aumento de la necesidad de analistas de datos, especialistas en IA e ingenieros de sistemas, lo que refleja un cambio hacia una mano de obra tecnológicamente competente. Esto va acompañado de un notable aumento de la importancia de las habilidades interpersonales, como la creatividad y la inteligencia emocional, que la IA no puede reproducir fácilmente. La dicotomía entre el desplazamiento y la creación de empleo exige que las instituciones educativas y las empresas adapten sus programas de formación para equipar mejor a las personas para las nuevas funciones en un entorno cada vez más automatizado. Esta transformación no sólo pone de relieve la necesidad de aprendizaje continuo, sino que también subraya la importancia de una relación de colaboración entre la tecnología y los trabajadores humanos. Las implicaciones de los agentes van más allá de las preocupaciones laborales inmediatas, influyendo en estructuras económicas y normas sociales más amplias. A medida que estos agentes se integran más en las operaciones diarias, se hace evidente el potencial de aumento de la desigualdad, sobre todo si determinados grupos demográficos carecen de acceso a los recursos educativos y la formación tecnológica necesarios. La disparidad en la adopción de la tecnología puede dar lugar a una mano de obra dividida entre los que pueden manejar la IA y los que no, lo que podría exacerbar las divisiones económicas existentes. Deben desarrollarse estrategias a largo plazo para garantizar que todas las personas puedan beneficiarse de las oportunidades que ofrece la IA, que incluyan tanto intervenciones a nivel político como iniciativas impulsadas por la comunidad. Mientras la sociedad navega por este panorama revolucionario, será fundamental fomentar un enfoque integrador para garantizar un progreso equitativo y un crecimiento sostenible en la era de la IA.

Implicaciones para el empleo futuro

A medida que las industrias adoptan cada vez más agentes, el panorama del empleo está experimentando una transformación significativa. La integración de tecnologías avanzadas en diversos sectores está llevando a una evolución de los roles laborales, en la que la necesidad de tareas manuales tradicionales está disminuyendo gradualmente. En el servicio de atención al cliente, por ejemplo, los chatbots y los asistentes virtuales se están haciendo cargo de las consultas rutinarias, lo que permite a los empleados humanos centrarse en interacciones más complejas y con más matices emocionales. Del mismo modo, en logística y fabricación, la IA optimizan las cadenas de suministro, realizan un mantenimiento predictivo y mejoran la eficiencia operativa, lo que inherentemente cambia las responsabilidades laborales. En lugar de limitarse a desplazar a los trabajadores, este avance de la tecnología obliga a la mano de obra a adaptarse adquiriendo nuevas competencias que se ajusten a las necesidades emergentes de un entorno altamente automatizado. En consecuencia, comprender los efectos matizados de los agentes en la estructura de los puestos de trabajo será esencial tanto para las empresas como para los empleados que pretendan navegar eficazmente por el cambiante terreno del empleo. Enfocando la cuestión desde la perspectiva de los retos, el auge de los agentes plantea riesgos significativos en relación con el desplazamiento de puestos de trabajo y la desigualdad económica. Aunque ciertas funciones pueden verse aumentadas o redefinidas, una parte considerable de la mano de obra -sobre todo en sectores que dependen de tareas rutinarias- se enfrenta a la amenaza de la obsolescencia. Los trabajadores de puestos como la introducción de datos, el telemarketing e incluso el diagnóstico básico pueden encontrar sus funciones vulnerables a la automatización. Esta transición podría catalizar una nueva oleada de desigualdad económica, en la que los beneficios de los avances de la IA recaigan de forma desproporcionada en las partes interesadas que posean los conocimientos técnicos y las capacidades de adaptación necesarios. Estas des paridades podrían exacerbar las divisiones sociales existentes, afectando especialmente a las personas con menores ingresos y con acceso limitado a recursos educativos o programas de reciclaje. Abordar las posibles consecuencias adversas de esta evolución es crucial para garantizar una transición más equitativa hacia un mercado laboral potenciado por la IA.

El futuro panorama laboral exigirá una reevaluación exhaustiva de las cualificaciones, la educación y los marcos políticos para adaptarse a las transformaciones provocadas por la IA. Las partes interesadas deben elaborar en colaboración estrategias que faciliten la adaptación de la mano de obra mediante iniciativas de formación específicas, dotando así a las personas de competencias relevantes para el nuevo mercado laboral. Las instituciones de enseñanza superior y de formación profesional deben dar prioridad a las competencias complementarias a las tecnologías de IA, como el análisis de datos, el aprendizaje automático y el pensamiento crítico. Las políticas públicas deben esforzarse por establecer marcos inclusivos que garanticen que todos los segmentos de la sociedad puedan prosperar en una economía impulsada por la IA. Este esfuerzo colectivo debe abarcar la creación de redes de seguridad para los trabajadores desplazados, la inversión en educación continua y el compromiso de facilitar oportunidades de aprendizaje permanente. El éxito de la integración de los agentes en el sector laboral dependerá no sólo de la innovación tecnológica, sino también de medidas proactivas que salvaguarden y capaciten a la mano de obra.

Llamada a la acción para las partes interesadas

El rápido avance de las tecnologías de IA requiere una respuesta sólida y proactiva de las partes interesadas de diversos sectores. Empresarios, gobiernos y educadores deben colaborar para crear marcos que no sólo adopten la automatización, sino que también aborden sus ramificaciones socioeconómicas. Un paso fundamental implica el establecimiento de políticas que promuevan iniciativas de reciclaje y mejora de las cualificaciones dirigidas a la mano de obra afectada negativamente por la implantación de la IA. Invirtiendo en programas de aprendizaje continuo, las partes interesadas pueden ayudar a los empleados en la transición a nuevas funciones que aprovechen las capacidades humanas -como la creatividad y la inteligencia emocional- que la IA no puede reproducir. El esfuerzo colectivo en la elaboración de estrategias inclusivas puede mitigar los problemas de desplazamiento asociados a los agentes, fomentando un mercado laboral resistente, adaptable y equitativo. Involucrar a los responsables políticos en la conversación sobre los agentes es fundamental para elaborar normativas que puedan orientar el uso ético de la IA, salvaguardando al mismo tiempo los puestos de trabajo. Los órganos legislativos deben examinar las implicaciones del despliegue de la IA en diversas industrias, promoviendo la transparencia y la responsabilidad en su aplicación. Esto podría implicar el establecimiento de marcos normativos que garanticen que las operaciones de IA se ajustan a los beneficios sociales, al tiempo que evitan la exacerbación de las desigualdades. La creación de asociaciones con empresas tecnológicas facilitará el intercambio de buenas prácticas y soluciones innovadoras que puedan aliviar los retos que plantea la integración de la IA. Al dar prioridad a las normativas centradas en el ser humano, las partes interesadas pueden aumentar la confianza pública en la IA y garantizar que los avances tecnológicos contribuyan positivamente al panorama laboral.

Los sistemas educativos se enfrentan al reto de reconsiderar sus planes de estudio en respuesta a la evolución del mercado laboral, influido por la IA. Las partes interesadas del sector educativo, incluidas las instituciones y los líderes de la industria, deben colaborar para desarrollar programas que doten a las generaciones futuras de las habilidades necesarias para una economía impulsada por la tecnología. Esto incluye no sólo las competencias técnicas en análisis de datos y programación, sino también el pensamiento crítico y las habilidades interpersonales que distinguen las contribuciones humanas de los procesos automatizados. Al integrar estas competencias en la educación temprana y la formación profesional, las partes interesadas pueden cultivar una mano de obra que no sólo esté preparada para las demandas actuales, sino que también sea adaptable a las innovaciones futuras. Invertir en reformas e iniciativas educativas conducirá, en última instancia, a un mercado laboral más fuerte y resistente, capaz de prosperar junto a los agentes.

Reflexiones finales sobre el papel de la IA en la sociedad

La integración de los agentes en diversos sectores suscita tanto entusiasmo como inquietud por su influencia en el panorama laboral mundial. A medida que tecnologías como el aprendizaje automático y el análisis predictivo siguen evolucionando, remodelan las industrias de formas que antes se creían inimaginables. La capacidad de la IA para procesar conjuntos de datos masivos en tiempo real permite a las empresas aumentar la productividad, agilizar las operaciones y reducir los costes. Mientras que sus defensores sostienen que esta eficiencia fomenta el crecimiento económico y la innovación, los críticos expresan su preocupación por las ramificaciones socioeconómicas de estos avances. Estos cambios cuestionan fundamentalmente las estructuras laborales existentes, ya que las funciones tradicionales son suplantadas por sistemas automatizados capaces de realizar tareas con mayor velocidad y, a menudo, mayor precisión. Esta dualidad de oportunidad frente a desplazamiento plantea cuestiones críticas sobre la sostenibilidad de los paradigmas laborales actuales y las medidas necesarias para mitigar los riesgos que se plantean a los trabajadores. El cambio hacia procesos impulsados por la IA obliga a reevaluar la dinámica de la mano de obra y el panorama futuro de los mercados de trabajo. Es esencial reconocer que, aunque la IA puede llevar a la redundancia de ciertos puestos, genera simultáneamente nuevas oportunidades en tecnología, gestión de datos y análisis de sistemas. Los trabajadores cuyas funciones queden obsoletas se enfrentan a una necesidad urgente de reciclaje y mejora de sus cualificaciones para seguir siendo competitivos en el mercado laboral. Las instituciones educativas y los programas de formación desempeñarán un papel crucial a la hora de dotar a las personas de las habilidades necesarias para navegar por esta transición. La creación de nuevas categorías laborales se deriva de las habilidades humanas únicas que la IA no puede replicar, como la inteligencia emocional y la capacidad para resolver problemas complejos. Esta intersección entre el avance de la IA y la evolución de la mano de obra requiere una cooperación más amplia entre gobiernos, entidades educativas e industrias, con el fin de fomentar una mano de obra adaptable y resistente. Navegar por las implicaciones de la IA en la sociedad implica un enfoque polifacético, que aborde tanto los efectos inmediatos como los cambios prospectivos a largo plazo. Los responsables políticos deben desarrollar marcos que fomenten el despliegue ético de la IA, promoviendo al mismo tiempo la equidad social y la inclusión económica. Puede que sea necesario invertir en redes de seguridad social y en una renta básica universal para amortiguar los efectos adversos del desplazamiento de puestos de trabajo, garantizando que las personas puedan hacer una transición fluida a nuevas funciones o proseguir su educación. A medida que las empresas adoptan las tecnologías de IA, tienen la responsabilidad de aplicar estas herramientas de forma que mejoren la mano de obra, en lugar de debilitarla. El discurso social en torno a la integración de la IA determinará su trayectoria, suscitando debates sobre los valores, la ética y el equilibrio entre la innovación y el bienestar de la comunidad. La evolución de los agentes no sólo redefinirá el empleo tradicional, sino que también desafiará a la sociedad a contemplar la esencia misma del trabajo y la experiencia humana dentro de un mundo cada vez más automatizado.

BIBLIOGRAFÍA

Serena H. Huang. 'La ecuación de la inclusión'. Aprovechar los datos y la IA para la diversidad y el bienestar organizativos, John Wiley & Sons, 13/01/2025.

John G. Mooney. 'La disrupción de las finanzas'. FinTech y estrategia en el siglo XXI, Theo Lynn, Springer, 12/6/2018

Sr. Ghiath Shabsigh. 'Impulsar la economía digital: Oportunidades y riesgos de la IA en las finanzas'. El Bachir Boukherouaa, Fondo Monetario Internacional, 22/10/2021

Tshilidzi Marwala. 'La IA en las teorías económicas y financieras'. Tankiso Moloi, Springer Nature, 5/7/2020

Comité de la Iniciativa de la Fundación Robert Wood Johnson sobre el Futuro de la Enfermería, en el Instituto de Medicina. 'El futuro de la enfermería'. Leading Change, Advancing Health, Instituto de Medicina, National Academies Press, 2/8/2011

Fattah, Mohammed. 'Aplicaciones de la IA para el diagnóstico y tratamiento de enfermedades'. El Ouazzani, Rajae, IGI Global, 6/10/2022

David D. Luxton. 'La IA en la atención a la salud mental y del comportamiento'. Academic Press, 9/10/2015

Shrikant Tiwari. 'Gemelos digitales con IA para la fabricación inteligente'. Amit Kumar Tyagi, John Wiley & Sons, 10/1/2024

William B. Johnston. 'Workforce 2000'. Trabajo y trabajadores para el siglo XXI, Instituto Hudson, 1/1/1987

Yusuf Altintas. 'Automatización de la fabricación'. Metal Cutting Mechanics, Machine Tool Vibrations, and CNC Design, Cambridge University Press, 16/1/2012

Dana S. Nau. 'Aplicaciones de la IA en la fabricación'. A. Fazel Famili, AAAI Press, 1/1/1992

Michael Räckers. 'El arte de estructurar'. Tendiendo puentes entre la investigación y la práctica de los sistemas de información, Katrin Bergener, Springer, 1/25/2019

Joshua Gans. 'La economía de la IA'. Retos de la atención sanitaria, Ajay Agrawal, University of Chicago Press, 14/3/2024

Julie Juan Li. 'El Manual Oxford de Gestión de la Cadena de Suministro'. Thomas Y. Choi, Oxford University Press, 30/8/2021

K. Anathajothi. 'Técnicas de Inteligencia Artificial para Comunicación Inalámbrica y Redes'. R. Kanthavel, John Wiley & Sons, 24/2/2022

Varsha Jain. 'La IA en el servicio al cliente'. La próxima frontera del compromiso personalizado, Jagdish N. Sheth, Springer Nature, 17/8/2023

Bernard Marr. 'La IA en la práctica'. Cómo 50 empresas de éxito utilizaron la IA y el aprendizaje automático para resolver problemas, John Wiley & Sons, 15/4/2019

Divyam Agarwal. 'Automatizar para cautivar'. Una guía completa para la automatización del marketing, Divyam Agarwal, 15/2/2024

Josh Bernoff. 'La era de la intención'. Usar la IA para ofrecer una experiencia superior al cliente, P V Kannan, Mascot Books, 1/1/2019

Michael C. Mankins. 'Decide y Cumple'. 5 pasos para lograr un rendimiento extraordinario en tu organización, Marcia W. Blenko, Harvard Business Press, 1/1/2010

Rob Williams. 'Desarrollo de sistemas en tiempo real'. Elsevier, 28/10/2005

Saurabh Gupta. 'Procesamiento y Análisis Prácticos de Datos en Tiempo Real'. Computación distribuida y procesamiento de eventos con Apache Spark, Flink, Storm y Kafka, Shilpi Saxena, Packt Publishing Ltd, 28/09/2017

H. S. Hota. 'Aprendizaje automático para aplicaciones del mundo real'. Dinesh K. Sharma, Springer Nature, 1/1/2024

Andrew Bruce. 'Estadística práctica para científicos de datos'. 50 Conceptos Esenciales, Peter Bruce, "O'Reilly Media, Inc.", 5/10/2017

Brian Mac Namee. 'Fundamentos del aprendizaje automático para el análisis predictivo de datos, segunda edición'. Algoritmos, ejemplos prácticos y estudios de casos, John D. Kelleher, MIT Press, 20/10/2020

Helga Nowotny. 'Confiamos en la IA'. Poder, ilusión y control de los algoritmos predictivos, John Wiley & Sons, 19/8/2021

Jitendra Kumar Verma. 'Aplicaciones del aprendizaje automático'. Prashant Johri, Springer Nature, 5/4/2020

Shai Ben-David. 'Comprender el aprendizaje automático'. De la teoría a los algoritmos, Shai Shalev-Shwartz, Cambridge University Press, 19/05/2014

Sandra Vieira. 'Aprendizaje automático'. Métodos y aplicaciones a los trastornos cerebrales, Andrea Mechelli, Academic Press, 14/11/2019

Dr.Araddhana Arvind Deshmukh . 'Importancia del aprendizaje automático y sus aplicaciones'. Blue Rose Publishers, 14/10/2022

Kaveh Memarzadeh. 'La IA en la atención sanitaria'. Adam Bohr, Academic Press, 21/6/2020

Pankaj Sharma. IA. 'Evolución, ética y política pública', Saswat Sarangi, Routledge, 10/10/2018

Daniel Crevier. IA. 'La tumultuosa historia de la búsqueda de la IA', Basic Books, 18/5/1993

Peter Norvig. 'IA. Un enfoque moderno', Stuart Russell, Pearson, 1/1/2016

Narayan Changder. 'IA. El Asombroso Libro De Preguntas', Esquema de Changder, 17/10/2023

Gerald Leger. 'Mantener la relevancia en un mundo de IA con agentes'. Gerald Leger, 26/11/2024

Kumar P. 'Introducción práctica a los agentes'. Un manual práctico paso a paso para principiantes, Amazon Digital Services LLC - Kdp, 12/20/2024

Lucile Vaughan Payne. 'El animado arte de escribir'. Biblioteca de Servicios de Recursos Escolares W. Ross MacDonald, 1/1/2006

OCDE. 'La IA en la sociedad'. Publicaciones de la OCDE, 6/11/2019

Christopher Noessel. 'Diseñando tecnología agentiva'. IA que funciona para las personas, Rosenfeld Media, 5/1/2017

Alistair McCleery. 'Introducción a la Historia del Libro'. David Finkelstein, Routledge, 13/3/2006